복음 목회

하나님과 함께 만드는

# 복음 목회

지은이 | 김기홍
초판 발행 | 2024. 11. 13
등록번호 | 제1988-000080호
등록된 곳 | 서울특별시 용산구 서빙고로 65길 38
발행처 | 사단법인 두란노서원
영업부 | 2078-3333    FAX | 080-749-3705
출판부 | 2078-3331

책값은 뒤표지에 있습니다.
ISBN 978-89-531-4960-1 03230

독자의 의견을 기다립니다.
tpress@duranno.com    www.duranno.com

두란노서원은 바울 사도가 3차 전도여행 때 에베소에서 성령 받은 제자들을 따로 세워 하나님의 말씀으로 양
육하던 장소입니다. 사도행전 19장 8-20절의 정신에 따라 첫째 목회자를 돕는 사역과 평신도를 훈련시키는 사
역, 둘째 세계선교(TIM)와 문서선교(단행본·잡지) 사역, 셋째 예수문화 및 경배와 찬양 사역, 그리고 가정·상담 사역
등을 감당하고 있습니다. 1980년 12월 22일에 창립된 두란노서원은 주님 오실 때까지 이 사역들을 계속할 것
입니다.

하나님과 함께 만드는

# 복음 목회

김기홍 지음

두란노

목차

3부 /  목회의 축은 복음이다

이 책은 극동방송에서 2013년 4월 11일부터 2년간 '목회자의 시간'에 방송한 내용을 정리한 것으로, 나의 목회 사역에 대한 소개다. 나는 1978년에 장로교 통합 측 목사로 안수받고 1983년에 미국 드루대학교에서 역사신학으로 박사학위(Ph. D.)를, 시카고대학교에서 박사 후 과정(Post Doctorate)을 마친 후 풀러신학교에서 객원 교수 신분으로 설교학과 목회학을 연구했다. 이후 아세아연합신학대학교에서 16년간 학생들을 가르치며 교무처장, 대학원장, 박사원장을 역임했다.

1990년, 교수로 재직하면서 강남구 청담동에 교회를 설립했는데, 어느 날 목회하는 한 학생이 물었다.

"도대체 목회를 알고 강의하시는 건가요?"

그래서 현재 목회를 하고 있다고 하니 그가 반발했다.

"그것도 목회입니까? 우리의 아픔을 아십니까?"

그의 말이 머릿속을 떠나지 않았다. 한동안 깊이 고민하다가 끝내 학교를 사임한 후, 청담동 교회와 분립된 형태로 1999년에 나이 50이 넘어 강남구 대치동에 또 한 번의 교회를 설립했다. 그러면서 목회의 아픔을 경험하고 비결을 찾기 위한 연구가 시작되었다. 새벽 기도부터 심방과 전도, 수없이 많은 설교 등의 짐은 무거웠다.

6년 뒤, 예배당이 비좁아져 분당에 있는 교회 건물을 사서 이전했다. 10년만 하고 학교로 돌아가겠다고 했는데, 기간이 훌쩍 지나 버렸다. 그러던 중 2012년 어느 날, 하나님께서 그만하라고 하시는 것 같아 1년 뒤의 은퇴를 선언하고 후임자를 구하도록 했다.

그러고 나서 목회자를 위한 학교를 시작했는데, 'Faith목회아카데미'가 그것이다. 2013년 9월부터 시작했는데, 참여한 분들은 목회의 전혀 새로운 세계를 만나게 된다. 지금까지 알려진 것과는 전혀 다른 목회의 접근 방법이다. 죽은 뒤에 천국을 누리는 것이 아니라 지금, 여기서 그 풍성함과 능력으로 살도록 하는 것이다. 신속히 이해하고 영적 삶으로 들어가는 분들도 있지만, 삼차원적 사고에서 벗어나지 못해 이해가 느린 분들도 있다.

목회자들이 일반적으로 생각하는 목회는 개척하고, 교인 모으고, 헌금 늘리고, 건물을 세우는 것이다. 시작하면 끊임없이 그래야 한다. 회사를 크게 키우는 개념과 비슷하다. 밖의 상황이 좋아져서 속의 마음이 기뻐지는 것이 세상 사람들의 행복에 대한 개념이다. 하지만 그 기쁨이 오래가지 못하니 계속해서 밖의 상황을 크게 해야 한다. 교회도 그렇다.

그러나 새로 시도하는 목회는 정반대의 방법이다. 우리 안에 있는 천국이 우리의 의식과 삶에 펼쳐져 나온다. 목회도 그렇게 한다. 우리 안에서부터 다 나오는 것이다. 우리 안에 예수께서 계신다면, 모든 복은 그 안에서부터 나와야 한다. 그래서 목회는 목회자 자신에게 먼저 해야 한다. 그 풍성한 삶을 교인들에게 전하는 것이다.

신앙도 진리이므로 절대로 어려운 것은 아니다. 하나님이 깨닫게 하고 힘을 공급하며 이끌어 주셔야 그 신비의 세계를 맛보고 삶에 적용할 수 있다. 한국 교회의 변화와 개혁을 위한 패러다임의 전환으로 이 방법을 택하는 목회자들은 분명히 만족스럽게 목표를 이룰 것이다. 이 책을 읽으면서 비결을 발견하게 되리라 확신한다.

1부

# 목회자로
# 부름 받다

# 반드시 되는 목회

요즘 목회가 어렵다고들 한다. 그냥 어려운 것이 아니라 대단히 어렵다고 한다. 교회가 생기고 나서 어렵지 않았던 시절이 있었을까마는, 특별히 어렵다고 한다. 이미 유럽에서는 교회가 거의 힘을 쓰지 못하고 있고, 미국 교회도 많이 약해졌다. 한국 교회도 그 뒤를 잇는 것은 아닐까, 모두 걱정하고 있다.

왜 그렇게 되었는가? 유럽에서 시작해 미국으로 퍼졌고, 이제는 한국에서도 힘을 발하고 있는 신자들의 관심사 때문이다. 관심사만 바꾸면 교회는 다시 힘을 얻고 일어나게 된다. 오늘날 사람들의 관심사는 하나님이 아니다. 세상이다. 하나님을 믿는 것은 세상에서 잘되기 위해서다. 하나님은 그 일을 돕는 전능한 도우미이실 뿐이다.

목회자들은 무엇이 최대의 관심사인가? 교인 수다. 그것 때문에 울고, 웃고, 교만하고, 열등감에 빠진다. 주의 종이기에 서로 존경하는 것이 아니라, 교인 수가 얼마인가에 따라 높고 낮음이 결정된다. 그러니 개척 교회 시절부터 자부심이 생기지 않는다. 그러다 교인이 좀 늘면 펴지고, 줄면 더 쪼그라든다.

자신에게 한번 물어보라. "예수는 나의 힘이요 내 기쁨 되시니"(새찬송가 93장, 〈예수는 나의 힘이요〉)라는 찬송의 가사처럼 정말 그러한가? 우리는 찬송하면서도 진짜 힘이요, 기쁨이신 예수를 전혀 의지하지 않는다. 좋은 음식은 놔두고 배부르게 하지 못할 불량 식품에만 관심을 두는 아이와 같다. 예수는 세상이 주는 것 같지 않은 기쁨이요, 힘이시다. 이 말에는 다 아멘이라고 한다. 그러나 실생활에서는 관심이 없다. 사용 방법도 모른다. 그러니 무슨 기쁨이 있고 힘이 있겠는가. 교인 수, 헌금, 목사 대우 등, 목회자라지만 관심사는 세속적이다. 최대의 기쁨이 이것이라면 주를 위해 하는 것 같지만, 실제로는 완전히 세속적인 목적일 뿐이다. 사도 바울은 이렇게 말한다.

"여러 사람들이 그리스도의 십자가의 원수로 행하느니라 그들의 마침은 멸망이요 그들의 신은 배요 그 영광은 그들의 부끄러움에 있고 땅의 일을 생각하는 자라"(빌 3:18-19).

프란치스코(Francis) 교황도 이렇게 말했다.

"세속적 가치에 집중한다면 성직자는 될 수 있어도 예수의 제자는 될 수 없다."

교인 수가 많아지는 것, 교회의 건물이 커지는 것, 유명해지는 것을 목적으로 목회한다면 세속적 가치가 아니고 무엇이겠는가?

목회는 주의 종으로서 주의 힘으로 그분의 일을 돕는 것이다. 여기서 중요한 것은 '주의 힘'으로 하는 것이다. 주님은 교인 수보다 구원받는 사람이 많아지는 것을 원하신다. 교인 수가 적어도 그들을 눈물로 기도하며 보살피기를 원하신다. 승천하기 전 갈릴리 호숫가에서 주님이 베드로에게 뭐라고 말하며 세 번이나 부탁하셨는가? "교회 건물을 크게 해라. 교인 수를 많이 늘려라. 헌금을 많이 거두어라"라고 말씀하셨는가? 아니다. 단 한마디, "내 양을 먹이라"(요 21:15-17 참조)라고 말씀하셨다. 그렇다면 이 일에 관심을 두어야 한다.

물론 이런 질문이 생길 수 있다.

'그렇게 예수 일에만 집중하려면 돈도, 존경도 포기해야 하는 것이 아닐까? 가난하고 약해져서 비참하게 되는 것은 아닐까?'

성경에 나오는 인물 중 하나님을 믿어서 망한 사람은 아무도 없다. 그들은 세상에서도 잘되었고, 죽어서도 영광이었다. 세상에서 잘되는 것은 하나님이 주시는 복 중에 하나다. 그것이 목적이 되면 우상 숭배다.

주의 뜻대로 산다고 삶이 즉각 펴지지 않을지도 모른다. 아주 힘들 수도 있다. 굶을 수도 있고, 모욕을 당할 수도 있다. 배우자에게 무시당할 수도 있다. 그러나 그게 더 복이다. 썩어질 육신이 하나님을 위해 고난을 당하는 것이니, 영광 중에 영광이다. 사도 바울을 보라. 수없이 맞고, 굶고, 감옥에 가고 모욕을 당했으나, 주를 위해 이 모든 일을 기쁨으로 여겼다. 생각해 보라. 이 같은 복이 어디 있겠는가. 일부러라도 사서 해야 한다. 그것에 열등감을 갖는다면 완전 불신앙이다.

하나님은 그렇게 살아가는 당신의 종을 그냥 내버려 두지 않으신다. 물론 훈련을 위해 잠시 그냥 두기도 하시지만, 그 시간을 감사함으로 통과하면 된다. 우리는 잘될수록 더욱 정신을 차려야 한다. 부하고 유명해지면 누구나 넘어질 수 있다. 하나님 대신 돈과 명성을 따르기 때문이다. 무엇인가 부족한 것이 복임을 알아야 한다. 그래야 하나님을 의지할 테니 말이다. 아니, 주의 종이 된 것만 해도 너무 감사하고 영광 스럽지 않은가?

'나 같은 죄인을 당신의 종으로 부르시다니. 예수처럼 섬기며 종노 릇하리라. 그러다가 잘되면 더욱 두렵고 떨리는 마음으로 섬기리라.'

이것이 목회자의 기본자세다. 지금이라도 이 마음을 품고 회개한 후 고치면 목회는 된다. 하나님이 하시기 때문이다. 이제 함께 이 놀라운 신비의 세계를 향해 나아가 보자.

# 아름다운교회의 시작

1990년 가을, 강남의 디자이너들에게서 성경 공부를 인도해 달라는 부탁이 있었다. 주일 저녁 5시, 청담동 설윤형 부티크 건물 지하였다. 100평 정도 되는 긴 지하실의 절반은 로비와 사무실, 나머지 절반은 채플이었다. 하얀 이탈리아산 대리석으로 장식된 공간에 베이지색 나무 의자가 놓여 있었는데, 등받이와 좌석(상판)은 검은색 금속으로 장식되어 있었다. 모두 특별한 디자인이었다.

모인 인원은 20여 명이었고, 대부분이 검은색 하의에 흰색 상의를 받쳐 입었는데 대단히 세련된 모습이었다. 건물주가 사회를 보면서 예배식으로 진행되었다. 그렇게 차츰 숫자가 늘더니 3개월 뒤에는 40-50명 정도가 모였다. 반은 기존 신자요, 반은 처음 나오는 사람들이었다. 그러면서 차츰 교회를 세우자는 이야기가 나왔다.

핵심 멤버는 기존 교회 신자들로, 주로 서리집사들이었다. 교회를 개척한다면 다니던 교회를 떠나 새로운 교회로 옮겨 와야 했다. 서로 고민하면서 토론하기를 몇 주, 결국은 새 교회를 시작하게 되었다. 이렇게 해서 예배 참석만 하던 이들이 이제는 핵심 멤버가 되어야 했다.

그 당시 나는 신학대학교 교수였기에 평일에는 교수로서 일하고 주일에만 참석하기로 했다. 모임 시간은 주일 오전 11시 30분으로 정했다. 늦잠 자는 사람이 많아서 11시는 너무 이르다는 것이 그 이유였다.

교회 이름을 지으려는데 '디자이너교회'로 하자는 의견이 많았다. 디자이너만 모이는 교회라니, 그건 너무 좁은 개념이라 안 된다고 했다. 대신 미(美)를 추구하는 이들이기에 '아름다운교회'로 결정했다. 지금은 아주 흔해졌지만, 당시에는 꽤 이상한 이름이었다. 아름다운교회는 차츰 강남의 명물이 되어 갔다.

첫 창립 모임은 11월 4일이었다. 100명 정도 들어가는 작은 채플에 강대상을 양쪽으로 두고, 가운데에는 낮게 디자인한 흰 성찬 상 위에 큰 성경을 펼쳐 놓고 좌우에 촛불을 켰다. 그들이 원하는 대로 두었다. 일종의 디자이너 문화에 대한 존중이었다. 사람은 적었지만, 재정은 풍성했다. 멤버 누구나 아름다운교회의 교인임을 자랑스럽게 생각했다. 적어도 겉으로는 아름다운 건물, 아름다운 사람들이었다. 그래서 교회 이름 앞에 붙이는 수식어로는 '아름다운 사람들의' 그리고 '새 힘을 얻는 곳'이라고 했다. '아름다운 사람들의 아름다운교회' 그리고 '새 힘을 얻는 곳 아름다운교회'가 전체 표어였다.

개척 교회로서의 가장 중요한 출발점이 충족되었다. 우선 무엇보다도 개척 멤버가 확보되었다. 많은 경우 교인이 하나도 없이 개척을 시작한다. 그러면 담당 목회자가 모든 비용을 감당할 수밖에 없다. 그렇게 여기저기서 돈을 빌려 겨우 본당 하나 만들어 놓고는 간판을 붙인다. 하지만 아무도 없는 개척 교회에 누가 자기 발로 들어올까! 그러다 보니 목회자가 사모와 둘이서만 예배하는 경우가 많다. 1년 이상 그러는 경우가 허다하다.

이러한 과정에서 마음이 아주 황폐해지는 경우가 많다. 가정불화도 일어나고, 신앙도 흔들린다. 교회는 어떻게 시작했지만, 관리비나 유지비도 만만치가 않다. 하나님이 다 해 주실 거라고 큰소리를 치지만, 하나님도 세상의 법도를 완전히 무시하고 덤비는 것을 좋아하시지 않는다. 그러다 보면 결국 자금이 다 떨어져 더 이상 유지할 수 없게 된다.

중요한 것은, 개척 멤버가 반드시 있어야 한다는 점이다. 개척하기 전에 반드시 30명 정도를 모아야 한다. 정 안 되면 20명이라도 있어야 시작할 수 있다. 멤버만 확실하다면 모이는 장소는 어디든 상관없다. 처음 10여 명까지는 가정에서 모이는 것이 정석이다. 20여 명이 되면 비용이 별로 안 드는 회관을 찾아야 한다.

20-30명이 되면 꼭 주일이 아니어도 좋다. 모여서 예배하고 성경 공부하면 된다. 그렇게 여러 달을 보낸 뒤에 서로 교회를 설립하자는 뜻이 맞을 때, 모두가 헌금하게 해야 한다. 그러면 절대로 실패하지 않는다. 만약 재정적으로 너무 힘들다면, 다 포기하고 다시 시작해야 한다.

아름다운교회 이전에 미국에서 공부하면서 개척했을 때도 30명 이상을 모아서 시작했는데, 그 정도면 장소를 빌릴 힘이 된다. 그때는 미국 교회를 빌려서 오후 2시에 예배를 했다. 기억할 것은, 반드시 개척 멤버를 확보한 뒤에 시작해야 한다는 것이다. 청교도들은 일곱 가정이 모인 뒤에야 교회를 시작할 수 있었다. 그것이 기본이다.

# 교회의 핵심 성격 정하기

2년이 지나자 교인 수가 70-80명 정도가 되었다. 그러나 그 이상으로 는 늘지를 않았다. 정체가 시작되면 목사도, 교인들도 생각하기 시작 한다.

'왜 더 안 늘어날까? 무엇이 문제일까?'

일단 이 사고에 잡히면 굳어지기 쉽다. 그러면 큰일이다.

안 될 이유야 물론 너무 많았다. 번듯한 교회, 큰 교회에 비하면 정말 로 모든 것이 부족했다. 우선 교회 간판부터 건물 중앙에 번듯하게 붙 은 설윤형 부티크에 비해 오른쪽 귀퉁이에 조그맣게 붙어 있어 잘 보 이지가 않았다. 게다가 지하였기에 항상 컴컴하고 습기가 찼다. 본당 외에는 부속 시설도 없었다. 심지어 주차장도 없는 데다가 교통도 불 편했다. 버스도, 전철도 없어 오가기가 어려웠다.

어디 그뿐인가? 교인들의 옷차림과 분위기는 냉랭하고 거만해 보였 다. 쉽게 친해질 수 있는 모습이 아니었다. 게다가 로데오 거리는 상가 뿐이고, 사람 사는 아파트는 멀리멀리 떨어져 있었다. 대충 봐도 전혀 교회가 있을 만한 장소가 아니었다. 모든 것이 열악했다. 그러다 보니 목사인 나부터 자꾸 왜 안 되는지를 습관처럼 말하게 되었다. "여기는 교통이 안 좋아서, 지하실이라서, 분위기가 너무 냉랭해서, 교회가 있을 자리가 아니라서" 등의 말들을 교인들도 금세 따라 하기 시작했다. 서로 왜 안 되는지를 말하는 것이 당연하게 되었다. 말뿐 아니라 상황도 그러했다.

그 말들을 들으니 마음이 너무 안 좋았다. 굳어지고 어두워졌다. 생각도, 말도, 설교도 거기에 맞춰졌다.

'아, 이건 아니구나! 상황이 교회를 만드는 것이 아니라 하나님이 하시는 건데 왜 그렇게 초 치는 말만 하게 만들었던가.'

그런 분위기로 여러 달이 지났다. 이렇게 굳혀지고 말 것인가 걱정이 되었다. 안 되겠다 싶은 생각에 교인들에게 우리 교회의 좋은 점을 50개씩 찾아서 써 오라고 했다. 안 내는 사람이 없도록 모두 적어서 내라고 했다. 다음 주까지 서로 토론도 하고 머리도 짜내면서 써 오라고 했다. 주 중에는 독촉 전화도 걸었다. 다들 쓸 것이 없다고 했다. 그래도 생각해 보라고 했다.

일주일 후, 몇몇 사람이 적어 왔다. 그다음 주에도 계속했다. 드디어 모든 사람이 적어 냈다.

'명품 교회다. 유명한 사람이 많다. 교인들이 자부심이 있다. 목사님이 훌륭하다. 복음적이다….'

내용을 자세히 쓰다 보니 금세 50개가 넘어갔다. 물론 오버한 내용도 많이 있었지만 말이다. 그다음부터는 말을 바꾸어서 하기 시작했다.

"여기는 아무나 못 옵니다. 자신 있는 사람들만, 차 있는 사람들만 오면 됩니다. 명품 교회니까요."

분위기가 금세 달라졌다. 명품이기를 원하는 사람들이 오기 시작
했다.

그때 깨달은 것이 있다. 목사는 교회의 핵심 성격을 정해야 한다. 아
무것도 하지 않으면 아무 특성도 없는 교회가 된다. 당신의 성격은 무
엇인가? 절대로 부정적이어서는 안 된다. 잘할 수 있는 것, 목표로 세
울 수 있는 것, 무엇보다 현재 상황과 연결된 것으로, 특별히 목회자의
특성과 관련되어야 한다.

자신이 잘할 수 있는 것을 정해 보라. 설교라면 말씀의 교회로 해야
할 것이고, 목회자가 사람들과 어울리고 친해지는 것을 좋아하면 사랑
의 교회 또는 돌봄의 교회, 함께 잘되는 공동체로 하면 된다. 셀 중심으
로 할 수도 있다. 힘들고 어려운 지역이라면 서로 돕는 교회, 잘사는 지
역이라면 명품 교회로 할 수도 있다. 물론 목회자가 그 말에 잘 맞아떨
어져야 할 것이다.

# 첫 성령 체험

교회 이야기를 더 하기 전에 신앙의 기본을 좀 이야기해야 할 것 같다.
나는 고등학교 시절부터 교회에 다녔다. 학생회장, 청년회장, 성가대,
학생 성가대 지휘 등 교회에서 중요한 일들은 다 맡았었다. 누가 보든
간에 나는 훌륭한 청년이었다.

그러나 교회가 아닌 곳에서는 완전히 이중적인 생활을 하고 있었다.
이러한 그리스도인이 많을 것 같다. 당시의 다른 청년들도 그랬다. 이
렇게 나이 먹고, 취직하고, 결혼해서 습관적으로 신앙생활하는 사람
이 얼마나 많을까. 주변에 보면 교회에 오래 다녔거나 소위 모태 교인
인 사람이 많다. 하지만 실생활에서는 세상 사람들과 다른 점이 하나
도 없다. 그들처럼 약하고, 두려워하고, 허세 부리고, 속이고, 나쁜 짓
을 한다. 교회에 다닌다는 사실 외에는 아무것도 다른 것이 없다. 습관
이 되다 보니 양심의 가책도 없다.

교회에 가서는 멋들어지게 기도할 줄도 알고, 예배 인도나 청년회
성가대 등을 세련되게 잘 이끌어 갔다. 그러나 속은 그렇지 않았다. 밖
에 나가면 항상 술에 취해 살았고, 공부에는 전혀 관심이 없었다. 삶의

목표가 전혀 없었다. 교회에 가서 예배하는 교인이기는 했다. 그러나 자기의 힘으로 너무나 힘겹게 살아가는 세상 사람 중의 하나일 뿐이었다. 도무지 교회에서 배운 신앙은 타락하는 나, 우울해하고 두려워하고 어찌할 바를 모르는 나를 잡아 주지 못했고, 도움이 되지도 않았다. 설교부터 전혀 마음에 와닿지를 않았다. 예배는 형식일 뿐, 너무 지루하기만 했다.

대학교 2학년을 마치고 3년간 군대에 갔다 돌아오니 학교 공부를 전혀 따라갈 수가 없었다. 그래서 시험 기간이면 책을 보고 베끼는 등 모든 커닝 방법을 동원했다. 하지만 이런 식으로 점수를 받다 보니 나에 대한 자존감은 전혀 없었다. 하나님의 복을 기대할 수가 없었다.

3학년에 복학해서 이렇게 한 학기를 마치고 나니 계속 이런 식으로는 살고 싶지 않았다. 내 힘으로는 더 이상 험하고 힘든 이 세상을 살아갈 자신이 없었다. 군대에 다녀온 남자들이 꾸는 무서운 꿈이 있다. 군대에 갔다 왔는데 서류가 잘못되어 다시 가야 한다는 내용의 꿈이다. 여기에 더해서 나에게는 또 다른 악몽이 있었다. 무슨 말인지 전혀 못 알아들으면서 강의실에 앉아 있는 꿈이었다. 실력이 없다는 것이다.

여름 방학이 되자 무작정 보따리를 싸서 칠보산기도원으로 향했다. 거기에는 개인 기도 굴이 많았는데, 자연 굴이 아니라 흙으로 덮은 작은 방이었다. 우리나라의 전통적인 무덤의 모양 같았다. 입구를 막으면 겨우 눕거나 앉을 수 있을 정도의 공간이었다.

기도원 원장님은 여자 권사님이었는데, 그분에게 20일 동안 금식하겠다고 선언했더니 소금을 한 사발 주면서 굴을 하나 가리키셨다. 들어가라는 것이었다. 한 번도 안 해 본 금식이 그렇게 힘든지 미처 몰랐다. 배가 고파 정신이 없었다. 그렇다고 먹을 것도 없었다. 어찌할 바를 몰라 그저 누워 있었는데 시간은 왜 그렇게 더디 흐르는지, 정말로 난감했다.

이미 교회에, 청년부에 다 선포하고 왔기에 돌아가자니 체면이 서지 않았다. 또 돌아간다 해도 도저히 이대로는 살 수 없었다. 그냥 우유부단하게 자포자기하는 심정으로 그저 굶고 있었다. 성경도 안 읽고, 기도도 하지 않았다. 사실 할 힘도, 의욕도 없었다. 그야말로 지옥이었다. 다른 뾰족한 방법이 없었다. 기도원 안에 작은 교회당이 있어서 새벽 기도회와 주일 예배, 수요 예배가 열렸는데, 할 일이 없다 보니 주일 예배와 수요 예배에는 나갔다.

너무도 괴롭게 열흘이 지났다. 두 주가 지날 무렵에는 거의 죽은 목숨이었다. 어찌할 바를 몰랐다. 주일 저녁 예배 시간이 되어 교회로 내려갔다. 이제는 완전히 포기 상태였다. 이런 기도가 절로 나왔다.

"하나님, 저를 받아 주세요. 목사가 되어도 좋고, 선교사가 되어도 좋습니다. 죽어도 좋습니다. 제발 하나님이 계신 것을 알게 해 주세요."

그 순간이었다. 느낌이 달라졌다. 무엇인가 특별한 힘이 나를 감싸는 것 같았다. 그러면서 그동안 경험하지 못한 영적 세상이 별안간 열렸다. 하나님의 보좌가 바로 앞에 있었다. 속에서부터 울음이 터져 나와 한참을 통곡하며 회개했다. 예배 시간이 되었는데도 목사님은 그저 찬송만 부르게 하셨다. 끝나고 나니 모두 몰려와 축하한다고 말해 주었다. 무엇을 축하한다는 것일까? 너무 창피해 급히 기도 굴로 돌아왔다. 잠깐의 경험인 줄 알았는데, 나중에 보니 한 시간 이상이 지난 것 같았다. 분명한 것은, 영적 세계와 하나님의 임재를 경험했다는 사실이다. 너무도 감격스럽고 감사했다. 다시는 전과 같을 수 없었다.

그제야 깨달았다. 나는 나 자신을 하나님께 한 번도 드리지 못했다. 그러기가 두려웠기 때문이다. 나를 하나님께 드리면 목사가 되어야 할지도 모른다는 두려움이 있었다. 그러나 자신을 하나님께 완전히 드리기 전에는 성령이 임하시지 않는다. 나는 하나님이 얼마나 좋은지 모르기에 신뢰하지 않았던 것이다. 하나님은 목사가 되라 하지 않으셨다. 아무런 요구도 하지 않으셨다. 단지 놀라운 평안과 기쁨으로 나를 채우셨다.

나는 이렇게 부르짖었다.

"하나님, 저는 실력도 없고, 아무런 재주도, 배경도 없습니다. 술도 끊을 수 없습니다. 저는 사람들 앞에서 허세만 부리며 그들을 속였습니다. 저는 참으로 비참한 사기꾼입니다."

그때 하나님의 음성이 들렸다. 귀가 아니라 마음에 귀로 듣는 것처럼 꽂혔다.

'내가 너와 함께할 것이다. 내가 능력이고 배경이다. 나를 의지해라.'

결론은 이것이다. 하나님께 자신을 드리는 것이 최고로 선한 일이요, 성령 충만이다.

# 학생 노릇 잘하기

기도원에서의 체험 이후 나는 전혀 다른 사람이 되었다. 지저분한 영혼에 창문이 열려 신선한 영이 채워진 것 같았다. 오랫동안 청소되지 않았던 더러운 마음이 깨끗하게 정돈된 것이다. 어느 날 술집 앞을 지나게 되었다. 예전 같으면 구수하게 느껴질 빈대떡과 막걸리 냄새가 났다. 얼마나 역한지, 토할 지경이었다. 나도 놀랐다. 그 이후로는 술집 근방에도 가지 않았다. 노력한 것이 아니라, 저절로 그렇게 된 것이다. 또한 전에는 머리가 늘 띵하고, 속이 쓰리고, 궤양 증상이 있었는데 그것도 다 사라졌다. 무엇보다 달라진 점은, 교회 안에만 들어가도 감동, 무슨 설교를 듣든지 은혜였다. 이러한 상태가 4-5개월 정도 계속되었다. 그 후로는 차츰 식어 갔지만, 절대로 이전의 삶으로는 돌아갈 수 없었다.

그래서 먼저 학교의 기독학생회를 찾아갔다. 그러나 이름만 있을 뿐, 아무 힘이 없었다. 학생 수도 많지 않았다. 회장을 만나 함께 전도하고 싶다고 했다. 이후 이들을 모두 C.C.C.로 데려갔다. 그렇게 사영리 훈련을 함께 하면서 기독학생회가 일어나기 시작했다. 회원도 많이 늘었다. 가나안농군학교에도 함께 견학을 갔다. 그 기독학생회가 얼마나 강력한 동아리가 되었는지 모른다. 지금은 졸업생들이 겟세마네라는 모임을 만들어 선교를 위한 전담 목사도 두고 선교사들도 보내면서 활발하게 움직이고 있다.

문제는 학교 성적이었다. 입학한 후로 몇 년간 공부를 전혀 하지 않았으니 마음을 먹어도, 기도를 해도 실력이 없는 것은 어찌할 수가 없었다. 계속 공부해 온 다른 학생들을 따라갈 수가 없었다. 아무리 집중해도 이해가 잘 안 되었다. 심각했다. 예수 믿는다고 별안간 실력이 좋아지지는 않았다.

이 상태로 지낸다면 세상에서도 손가락질을 받을 것이 분명했다. 실력이 없으니 예수나 믿는다고 말이다.

'예수 믿으면서 세상에서도 잘할 수는 없을까? 이제 시험 볼 때 부정행위는 할 수 없지 않은가!'

이런저런 생각 끝에 학교 공부가 끝나면 도서관으로 갔다. 지겨웠지만 밤까지 있었다. 공부 잘하는 동료들에게 배우면서 중간고사를 준비했다. 나 자신을 위해서라기보다는 하나님을 창피하게 해 드릴까 봐 정말 두려웠다. 매일 전도하러 다니면서 시험 볼 때 커닝할 수는 없었다. 나중에 신학교에 갔을 때 많은 학생이 커닝하는 것을 보고 충격을 받은 적이 있다. 그러면서 신학생이라고 할 수 있겠는가 싶었다. 하여튼, 예수 믿는다고 선언했고 이제는 술, 담배도 전혀 하지 않았기에 커닝은 생각도 할 수 없었다. 그러면서 그럭저럭 중간고사를 치렀다.

그러고 나서 얼마 후, 학과장님이 부르셔서 갔더니 화공과 전체에서

5등의 성적이 나왔다고 하신다. 학과장님이 조교들에게 "얘가 얼마나 대대적으로 커닝을 했으면 이런 점수가 나왔겠냐?"라고 했더니 조교들이 "그 학생만 안 하고 다 커닝했습니다"라고 대답했다고 한다. 아, 하나님이 이렇게도 도우시는구나 하는 생각이 들었다. 정말 신기한 경험이었다.

이 이야기를 하는 이유는, 세상살이도 목회도 다 같은 법이 적용되기 때문이다. 회개하고 새사람이 되었다고 실력도 함께 좋아지는 것은 아니다. 예수 잘 믿으면서 실력 없는 사람, 착하고 무능한 사람, 이래서는 안 되는 것이 아닌가! 그렇다면 예수를 잘 믿을 때 어떤 유익이 오는가? 하나님을 의지하고 노력하면 참고 계속할 힘을 주실 뿐 아니라, 실력도 더해 주신다. 안 그러면 어떻게 아브라함이 되고 다윗이 될 수 있겠는가. 그들도 지극히 평범한 사람이었지만, 하나님을 의지하고 실력을 쌓았던 것이다.

물론 하나님을 의지해도 실력이 금세 늘지는 않는다. 하지만 하나님과 함께 공부하는데 안 될 수가 없지 않은가! 힘들다고 세상 사람들처럼 요령 부리고 부정행위를 하면 하나님의 도움을 받을 수 없다. 목회도 마찬가지다. 별안간 설교를 잘하게 된다든지, 교인이 몇십 명, 몇백 명씩 몰려오지는 않는다. 그러나 이것이 중요하다. 자신의 실력이 아닌 하나님을 의지한다면, 하나님을 믿고 꾸준히 노력한다면 반드시 달라진다.

이후로 공부할 때마다 하는 기도가 생겼다. 이것은 신학교에 가서도, 미국에 가서 박사 과정을 밟을 때도 마찬가지였다.

"제가 실력 없는 것 잘 아시지요? 많이 뒤처졌습니다. 그러나 저는 하나님의 아들입니다. 세상 사람들에게는 없는 영적 능력이 있습니다. 열 배는 빨리 갈 줄 믿습니다. 남들이 10년 걸릴 거, 저는 1년이면 됩니다. 1년 걸릴 것은 한 달에 하겠습니다."

놀랍게도, 하나님은 정말로 나를 실력 있는 사람으로 만들어 주셨다.

신자는 세상 질서를 지켜야 한다. 그러면서 세상에서도 탁월해야 한다. 언제, 무슨 일을 하든지 기억해야 할 것은 첫째, 부정행위를 하지 말아야 한다. 이것도 내 힘으로는 어렵다. 하나님을 의지해야 바르게 살 수 있다. 둘째, 하나님을 의지하여 공부하고 노력하면 극복하고 앞서가게 해 주신다는 것을 믿어야 한다. 하나님은 당신의 종이 정말로 실력 좋은 사람이 되기를 바라신다. 실력과 인격을 만드는 것도 모두 성령 하나님께서 해 주시도록 해야 한다. 특별히 목회는 전적으로 하나님만을 의지해야 한다.

# 목회의 길 결정

대학 마지막 학기 중반이 되었다. 4학년에는 화공과 외에 다른 길도 알아보고 싶었다. 그래서 법정대학에 가서 행정학과 정치학을 선택 강의로 들었다. 당시 삼성에서 성균관대학교를 지원하기로 결정했기에 그쪽으로의 취직이 쉬웠다. 특히 이공 계통은 더욱 그러했다. 동기생의 대다수가 졸업 후에 삼성으로 가서 임원 생활까지 하고 은퇴했다.

'나는 졸업하면 어떠한 길을 가야 할까?'

이런저런 고민 끝에 행정 고시나 외무 고시를 보는 쪽으로 마음이 기울었다. 특히 외교관이 되어 세계 여러 나라를 다니며 문물을 익히는 것도 멋진 삶이라는 생각이 들었다. 그러려면 외국어 공부를 많이 해야 했다. 그렇게 마음을 먹으니 외국어 공부가 즐거워졌다. 뭐든지 마음 자세가 참으로 중요하다.

그러던 어느 날, 내가 전도했던 한 후배가 진로를 물었다. 이에 나는 두 가지로 대답했다. 하나는 정치가가 되어서 사람들에게 유익을 주는 것이고, 다른 하나는 목사가 되어 사람들의 영혼에 유익을 주는 것이라고 말이다. 그렇지만 목사는 너무 약해 보였다. 당시는 70년대 초반으로, 제일 가난한 사람이 목사였다. 그러기에 정치가 쪽으로 힘을 주어 말했다. 그 후배도 그렇게 받아들여 주기를 바라면서 말이다. 그런데 그 후배가 듣더니 단호하게 말했다.

"정치가라니, 말도 안 되는 소리입니다. 형님이 그 길을 걸어서 정말로 대통령이 될 수 있겠어요? 됐다고 칩시다. 그러면 선진국처럼 잘 살게 만들 수 있나요? 그렇게 만들었다고 칩시다. 그 목표가 미국이라면, 미국 사람들은 다 구원받은 건가요? 미국에도 얼마나 죄악이 넘치는데요. 세상에서 잘 먹고 잘살수록 더 죄가 많아집니다. 세상에서 잘사는 게 목적이라면 예수님이 왜 죽으셨겠어요? 왕이 되어서 지상 낙원을 만들지. 그러니 쓸데없는 생각 말고 목사가 되세요. 다만 몇 사람의 영혼이라도 구원한다면, 그 상은 영원합니다."

믿은 지 얼마 되지 않은 학생이었다. 그가 이렇게 훌륭한 말을 할 수 있다니! 그의 이 말이 하나님의 음성으로 들렸다. 이 분명한 길을 버리고 어디로 가겠는가! 나는 그날부터 목사의 길을 결정했다. 내가 갈 길이라고 정하고 나니 다른 것은 전혀 보이지 않았다. 오직 한 길뿐이었다.

그래서 먼저 부모님께 말씀드렸다. 당시에는 두 분 모두 불신자였다. 아버지는 천도교의 간부였고, 어머니는 무당에게 늘 점치러 가는 분이었다. 당연히 반대였다. 삼성에 취직 안 하고 무슨 목사냐는 것이었다. 계속 그러려면 집에서 나가라고 하셨다. 친척들도 찾아와서 마음을 돌리게 하려고 애를 썼다. 그들은 모두 내가 정신이 나갔다고 했다. 앞에서도 말했지만, 그 당시 목회자들의 삶은 어려웠다. 사회 전반적으로 가난했는데, 목회자들은 더욱 그러했다. 그러나 결심은 전혀 흔들리지 않았다. 세상의 부귀영화가 하찮게 보일 뿐이었다.

시간이 얼마 남지 않아서 노회 추천서부터 받아야 했다. 입시 준비도 해야 했다. 별다른 방법이 없어서 성경을 한 번 집중해서 정독하고는 시험을 보러 갔다. 그 당시 대학 졸업 후에 가는 과정이 40명 정원이었는데, 경쟁률도 높지 않아 2:1이었다. 그렇게 나는 합격 통지서를 받고는 집에서 나와야 했다. 다니던 교회에서는 아무런 지원도, 관심도 없었다. 우선은 가지고 있던 책을 팔아서 입학금과 기숙사비를 냈다. 학비와 식비는 아무런 대책이 없었다. 부탁할 대상도 없었다. 그러나 부름 받고 나온 상황이었기에 아무것도 두렵지 않았다.

40명 중 불신 가정에서 온 사람은 나 외에 단 한 명, 후에 주안장로교회를 일으킨 나겸일이었다. 모두가 몇 대째 목사 아들, 장로 아들로서 온 가족 및 친척의 축복과 찬사 속에서 목사가 되기 위해 당당하게 온 이들이었다. 의대 출신의 여학생도 한 명 있었다. 그래도 선지동산에 받아들여졌다는 감격으로 잠을 이룰 수가 없었다. 너무도 설레는 마음으로 신학생 생활을 시작했다.

겸손한 마음으로 하나님의 가르침을 기다리면, 하나님은 필요한 때에 성경을 통해 말씀해 주신다. 이처럼 하나님은 인생의 결정적인 순간마다 그리고 어려울 때마다 반드시 말씀을 주어 극복하게 해 주셨다. 말씀은 받아 품고만 있어도 효력을 발한다. 우리의 믿음이 좋아서 그리 되는 것이 아니다. 누구나 인간 수준의 믿음일 뿐이다. 그것으로는 산을 옮기지 못한다. 그러나 하나님의 말씀을 품고 암송하고 입으로 읊조리면, 그 말씀을 통해 하나님의 믿음이 부어진다. 한번 해 보라.

# 신학교 생활

신학교에 와서 참으로 행복했다. 거룩한 하나님의 선지동산에 올 수 있다는 자부심과 기쁨이 충만했다. 매일 아침 일찍 일어나 바구니를 들고 쓰레기를 주웠다. 학교의 풀 한 포기, 돌 하나도 너무 사랑스러웠다. 그곳에 있는 것만으로도 행복이 넘쳤다.

하지만 현실은 냉혹했다. 입학금과 기숙사비는 겨우 냈는데, 학비가 없었다. 다음 학기에도 낼 수 있을지 의문이었다. 게다가 식권도 떨어졌다. 같은 방 친구들이 식사하러 가자고 할까 봐 미리 나가서 수돗물로 배를 채우곤 했는데, 마음이 몹시 처량해졌다.

설상가상으로 다니던 교회에서는 쫓겨난 상태였고, 사귀던 친구들도 다 떨어져 나가 의지할 데가 없었다. 할 수 없이 굶은 채로 침대에 누웠다. 방에는 양쪽으로 이층 침대 두 개가 놓여 있었는데, 나는 신입생이라 2층을 사용했다. 그러다 보니 눈앞이 바로 천장이었다. 천장에는 암송할 헬라어 성경 구절들이 붙어 있었다. 그런데 갑자기 하나님께 원망이 터져 나왔다.

"이것이 하나님의 종이 당해야 하는 일인가요? 먹지도 못하는데 무슨 공부며 일인가요?"

남들은 축복받으며 왔는데 나는 교회에서 쫓겨난 신세라니, 뼛속까지 외로워지기 시작했다. 그때 성경 구절이 생각났다.

"내가 아버지께 구하겠으니 그가 또 다른 보혜사를 너희에게 주사 영원토록 너희와 함께 있게 하리니"(요 14:16).

여기서 보혜사는 억지로 만든 말이다. 원어로는 '옆에 부름 받은 사람'이라는 뜻인데, 우리를 돕기 위해 하나님으로부터 오신 성령을 일컫는다. 영어로는 몇 가지 번역이 있는데, 가장 많이 쓰는 것이 '위로자'다. 이 말씀을 붙들고 말했다.

"당신의 이름이 위로자인데, 지금이 위로하실 시간입니다. 실제적인 위로를 주세요."

그 순간 발에서부터 뜨거운 기운이 올라오더니, 배와 가슴을 지나 머리 위까지 올라와 몸 전체를 감싸 주었다. 너무도 큰 감격이었다. 나는 다급히 외쳤다.

"아, 알겠습니다. 됐습니다. 그만 하세요."

참으로 신기한 경험이었다. 그 느낌이 몇 달간 지속되었다. 배가 고파도 여전히 하나님의 실제적인 위로가 넘쳤다. 물론 수돗가에서 물만 마시고 일어나면 어지러울 때도 있었다. 하지만 계속해서 슬퍼하고 원망한다면 더욱 힘들 뿐 아니라 공부할 힘도 없을 것 같았다. 그래서 나는 반대로 했다.

"나 같은 육신, 썩어질 존재가 주의 종이 되려고 이렇게 훈련받습니다. 이 무슨 은혜인지요!"

차라리 쓰러지면 더 자랑스럽고 감사할 것 같았다. 그런데 오히려 속에서 뜨거운 것이 올라왔다. 배가 고프긴 한데 견딜 만했다. 힘들기는 한데 더 강한 힘이 나를 밀어 주는 것 같았다. 그러다 보니 공부하는 데 별 지장은 없었다. 굶을수록 더욱 감사하다 보니, 모든 것이 감사했다.

똑같은 상황을 경험해도 원망하고 불평하는 것과 감사하고 찬송하는 것은 밤과 낮처럼 다르다. 바울은 매를 맞거나 감옥에 들어갔을 때 얼마든지 원망할 수 있었다. 그러나 그는 감사했다. 죄인 중의 괴수가 주를 위해서 매를 맞다니, 그는 이것을 말할 수 없는 영광으로 받았다.

고통스러운 기분을 따라서 슬퍼하고 원망하면 더 아프고 고통스러워진다. 그러나 주를 위해 당하는 고난을 감사하면 아픔이 줄어든다. 상처도 쉽게 아문다. 바울은 그 원리를 알고 있었다. 그랬기에 밤중에 그 상태에서 찬양할 수 있었던 것이다. 그리고 그 은혜에 죄수들이 감동하게 되었다. 어디 그뿐인가? 옥 터가 흔들리면서 지진이 일어났다. 이것이 신자의 신기한 삶이다. 이런 경험이 없이는 목회가 쉽지 않다.

원리는 간단하다. 복과 저주 중에 복을 선택하면 된다. 감사와 찬양은 복이요, 원망과 불평은 저주다. 매 맞고, 모욕당하고, 감옥에 들어가는 상황은 같지만, 우리의 반응이 복도, 저주도 준다는 말이다. 어려운 일, 억울한 일은 목회하는 동안 항상 당하는 시련이지만, 복의 문을 여는 기회이기도 하다. 힘을 다해서 복을 선택하라. 신기한 일, 기적이 수없이 일어난다.

# 돈 문제 해결

요즘 목회자들에게 하나님은 물질도 풍성하게 주신다고 말하면 어떤 대답을 하는가? 자기들의 입장을 몰라서 배부른 소리 한다고 말한다. 평생 편안하게 목회했기에 그렇게 쉽게 말한다고 빈정댄다. 자기들은 너무 돈에 쪼들린다는 것이다. 어찌 보면 맞는 말이다. 내 평생 돈에 쪼들리고 시달린 적은 없었으니 말이다.

하지만 돌아보면 나 역시도 돈 없는 시기를 상당 기간 경험했다. 신학교 3년이 그러했고, 미국 유학 생활 5년이 그러했다. 사실 신학생 시절이나 개척 때는 대부분의 목회자가 돈에 시달린다. 그런데도 돌이켜 생각해 보면 전혀 가난했다는 느낌이 없다. 단지 돈이 없었을 뿐이지, 하고 싶은 것은 다 할 수 있었다. 가난은 느낌일 뿐 실제는 아닌데, 느낌에 너무 빠지는 것이 문제다.

신학교에서의 첫해, 특히 첫 학기는 정말 돈이 없었다. 집에서 나가라고 해서 몸만 나왔기에 아무것도 없었다. 저축해 둔 돈도 없고, 당시는 아르바이트 같은 것도 없어서 돈을 버는 것도 쉽지 않았다. 그런데도 이상하게 걱정이 되지 않았다. 오히려 굶거나 차비가 없으면 더 신나는 기분이었다. 하나님을 위해 하는 공부였기에 그분을 위해서 배고 프고 가난하다는 사실이 감격스러웠다. 철이 없었던 것일까?

그러나 사실 이러한 자세가 정말 중요하고 필요하다는 것을 오랫동 안 목회하면서 더욱 절실하게 깨달았다. 감사하고 즐거워하면 가난도, 아픔도, 억울함도 다 축복으로 느껴졌다. 결과적인 이야기지만, 분납 으로나마 학비를 낼 수 있었다. 다음 학기까지 안 내면 제적이 되는데, 그런 일은 일어나지 않았다. 배고픔의 경험도 몇 달 가지 않았다. 1년 이 지난 후로는 굶은 날이 없었다.

하지만 졸업할 때까지 학비는 계속해서 분납이었다. 섬기는 교회에 서 사례비를 매우 적게 주었기 때문이다. 그래도 돈을 빌리거나 누군 가에게 돈 이야기를 해서 구걸식으로 언어 낸 적은 없었다. 물론 그러 고 싶은 적도 많았지만, 절대로 사람을 의지하지 않으려고 마음을 정 했다. 하나님만 의지하고 나가는 훈련을 하게 된 것이다. 지금도 당시 상황을 이야기하면 믿지 않는 사람이 많다. 무슨 호랑이 담배 피우던 시절의 이야기냐는 것이다. 그때는 혹시 몰라도, 요즘 그런 일은 없다 는 것이다.

돈은 하늘에서 떨어지지 않는다. 길에서 줍는 것도 아니다. 우연히 주머니를 뒤져 보니 거기에 있는 것도 아니다. 누군가가 줘야 한다. 기 도해도 대개는 사람을 통해서 주신다.

'그렇다면 줄 만한 사람들을 찾아가 사정을 말하면 어떨까? 어차피 사람을 통해 주시는 거라면, 그 사람에게 하나님의 뜻을 알려 주면 어 떨까?'

별생각이 다 든다. 그러나 사람에게 간청해서 돈을 얻어 낸다면 하나님이 주신 것인지, 내가 설득해서 얻은 것인지, 나를 불쌍하게 봐서 준 것인지 알 수 없지 않은가? 다 그게 그거라고? 다 하나님의 은혜라고? 그렇게 애매하면 안 되었다. 나는 확실한 것을 원했다.

하나님이 주셨다는 것을 알려면 어떻게 해야 할까? 그 누구에게도 나의 사정을 알려서는 안 된다. 그래서 기도했다.

"돈의 ㄷ자도 말하지 않겠습니다. 하나님이 사람들을 감동시켜 주세요. 그래야 하나님이 하신 것으로 인정하겠습니다."

나는 결코 사람들 앞에서 구차한 표정이나 힘들고 슬픈 모습을 보이지 않았다. 나는 하나님의 종이요, 하나님에게 축복받은 사람이었기 때문이다. 굶어 죽더라도 당당할 거라는 마음을 가지자 그렇게 기쁠 수가 없었다.

졸업하고 1년 뒤에는 미국으로 유학길에 올랐다. 동기 중에서는 최초였다. 누가 돈을 준 것도 아니고, 장학금을 받은 것도 아니었다. 학교 수준은 대단했지만, 교단에서 지원했기에 신학부 학생들은 적은 수업료(한 학기당 240달러)를 내고 수업을 들을 수 있었다. 기숙사비도 매달 40달러밖에 되지 않았다. 당시 미국 교회에서 성가대 지휘를 맡아 100달러를 받았는데, 십일조 10달러, 기숙사비 40달러, 한 달 식비 30달러 그리고 남은 20달러는 책을 사는 데 사용했다. 거의 매일 라면을 먹어야 했지만, 힘들지 않았다.

신자는 지금 손에 돈이 없어도 있다고 믿고 나아가야 한다. 무리하라는 말이 아니다. 필요하면 하나님께서 얼마든지 지원해 주신다. 아무리 큰돈이라도 하나님께는 어려운 일이 아니다. 중요한 것은, 사람을 의지하지 않고 하나님께 부탁드려야 한다는 것이다. 사람들에게 말하고 나면 그것이 하나님이 주신 것인지, 우리가 구걸해서 얻은 것인지가 분명하지 않다. 모든 것을 하나님으로부터만 받아 내겠다는 분명한 의지로 나아간다면, 하나님은 확실히 당신이 준 것임을 알게 해 주신다. 힘들수록 더욱 하나님만 의지하는 훈련을 해야 한다.

# 하나님 없이 넉넉함

누구나 넉넉하게 살고 싶어 한다. 목회도 마찬가지다. 교인도 많고 재
정도 넉넉해서 하고 싶은 일 다 하면서 목회하고 싶어 한다. 실제로 큰
교회에서 큰돈으로 무엇인가 대단한 일을 하는 이야기를 듣고 난 후
섬기는 교회를 보면 기가 죽는다. 공부할 때는 '언제쯤 이 가난을 면하
게 될까' 하는 생각을 많이 했다. 목회하면서도 부자 교회들을 얼마나
부러워했는지 모른다. 건축할 때는 돈이 너무 부족해 잘 아는 큰 교회
목사를 찾아가고 싶은 마음도 들었다. 자존심 때문에 찾아가지 않았고
물론 안 가기를 잘했지만, 더 타당한 이유가 있었다.

　너무 뻔한 공식이지만, 하나님께 말하지 않고 친구 목사를 찾아가는
것이 맞는가 하는 생각이 들었다. 아니, 하나님께 기도했으면 하나님
이 해결해 주실 때까지 기다려야지, 기도 실컷 하고는 스스로 해결하
려 해서야 되겠는가 하는 생각 말이다. 이는 마치 아브라함이 하나님
의 약속을 듣고도 스스로 해결하려고 첩을 얻은 것과 같지 않은가! 하
나님은 누구의 도움도 필요가 없는 분이시다.

　사도 바울은 육체의 가시, 곧 사탄의 사자에게 항상 눌렸다. 그런데

그는 그것을 하나님의 은혜라고 고백하고 있다. 사실 사도 바울은 거의 신과 같은 존재라 할 수 있다. 그 신비한 복음을 받아서 전해 준 사람이 아닌가! 만일 그가 없었다면 기독교는 그저 율법의 종교였을 것이고, 복음서도 그저 율법으로 이해되었을 것이다. 어디 그뿐인가? 그는 셋째 하늘에 갔을 뿐 아니라 죽은 자를 일으키고 귀신을 쫓아냈다. 독사가 물어도 아무렇지 않았다. 정말 신과 같았다. 그러나 그대로 신이 되면 저주요, 무서운 멸망이다. 그래서 하나님은 그에게 가시를 주셨다. 자신이 인간이요, 약한 존재임을 알게 해 주셨다.

돌이켜 생각하니 가난한 것도, 무엇인가 부족한 것도 모두 필요한 복이었다. 그것이 우리의 약함과 부족함을 알게 해 준다. 겸손히 하나님을 향하도록 만들어 준다. 세상 사람들에게는 고통이 저주다. 해결할 사람은 자신밖에 없는데 해결할 힘이 없다. 그러나 신자에게는 하나님이 계신다. 그래서 고통이 임할 때 신자는 하나님을 찾는다. 약함 때문에 하나님을 잡는다. 그러기에 사도 바울도 약한 것들만 자랑하겠다고 고백했다. 그것이 우리를 하나님으로 향하게 한다. 그래서 강하게 만들어 준다.

신학생 시절에는 늘 배가 고팠고, 유학 시절에는 말도 못 하게 가난했다. 미국에서 그 흔한 햄버거 하나도 못 사 먹었다. 하지만 오랜 시간이 지나 학위를 받고 교수로 부임하면서 신분이 저 밑에서 저 위로 상승했다. 그러면서 좋은 대우도 받고, 삶도 넉넉해졌다. 모두 존경을 표했다. 딱 내가 원하던 위치에 도달하게 된 것이다.

그런데 문제가 생겼다. 가난하고 배경도 없을 때는 하나님만 의지했지만, 이제는 하나님이 없어도 사는 데 전혀 지장이 없게 되었다. 신분도, 실력도 다 상승하다 보니 하나님을 향한 절실한 마음이 없어졌다. 예배나 신앙생활도 건성이 되었다. 차츰 기쁨도 행복도 사라지고, 성격도 변하기 시작했다. 차라리 가난했던 시절이 더 행복하게 느껴졌다. 그때는 그래도 하나님을 늘 의지했기 때문이다. 이대로 계속 가면 망가질 것 같았다. 이스라엘이 노예에서 해방되어 잘살게 되자 하나님을 떠났던 것처럼 말이다.

교회 개척 초기에는 죽도록 기도한다. 기도밖에는 할 것이 없기에 하나님을 향해 그렇게 절실할 수가 없다.

"하나님, 30명만 주십시오."

그렇게 몇 년을 하다 보면 어느새 몇백 명이 된다. 건물도 생기고, 재정적 여유도 생긴다. 하지만 이상하게도 하나님을 향한 열심은 줄어든다. 거기서 교회가 더욱 커져 교인 수도 몇천 명이고, 유명인사와 부자도 많아진다. 무슨 일을 하든 잘할 사람이 많이 있다. 교회는 저절로 굴러가고, 교인은 점점 늘어 간다. 아무것도 부족함이 없다. 이때가 문제다. 이 단계에서 목회자들이 많이 넘어진다.

하나님 없이도 교회가 계속 성장하는 것이 과연 진정한 성장일까? 그곳에 과연 하나님의 영이 계실까? 그곳에서 과연 하나님의 사람들이 양육되고 있을까? 하나님 없이 잘되는 것은 망하는 길이다. 이스라엘이 하나님을 배반했는가? 아니다. 관심이 없어졌을 뿐이다. 여전히 성전도 있고, 제사도 율법도 다 있다. 하지만 모든 것이 형식이고 습관일 뿐, 영적인 갈급함도, 열정도 없다.

이렇게 계속 시간이 가다 보면 하나님이 떠나신 지 오래지만 사람들은 모른다. 그저 잘 먹고 잘사는 데 모든 관심을 모았기 때문이다. 그 목표를 위해 하나님을 이용했을 뿐이다. 그렇게 이스라엘은 망하는 길로 달려갔다. 우리도 정신 차리지 않으면 같은 길을 가게 될 것이다. 큰 교회건 작은 교회건 마찬가지다. 자신의 눈멂, 자신의 영적 가난을 보고 울며 끊임없이 하나님을 찾아야 한다.

공식은 이것이다. 사람은 누구든 모든 것이 넉넉해지면 하나님을 찾지 않는다. 멋대로 느긋하게 살아간다. 그렇기에 하나님을 찾을 수 있는 문제나 어려움이 있는 것이 복이다. 병이나 실패는 저주가 아니라, 하나님을 붙잡게 하는 통로다. 이 통로를 잘 이용해야 한다.

교회 개척으로 만사가 부족하고 어렵다면 감사하기 바란다. 그리고 잘사는 사람을 부러워하지 말고, 자신의 힘든 상황을 하나님을 잘 믿는 기회로 사용하기 바란다. 어려움이 없어질 것이다. 그러나 그럴수록 더욱 조심해서 하나님을 떠나지 않아야 할 것이다.

# 거지 전도

신학교 1학년 여름 방학을 맞아 오직 하나님만 의지하고 살아 볼 기회를 스스로 만들어 보았다. 이 경험은 평생을 두고 잊히지 않았다. 원리는 언제나 같다. 세상을 살아가지만, 보이는 세상 대신 안 보이는 하나님을 의지하는 것이다.

'한 달 반 정도 서울을 떠나 경상도와 전라도 일대를 다니면서 전도한다. 돈은 내려갈 정도의 차비만 준비하고 빈손으로 밥을 얻어먹으면서 전도한다.'

C.C.C. 김준곤 목사님께서 설교 시간에 말씀하신 내용인데, 그래서 '거지 전도'라는 말이 붙었다. 굳게 결심하고 목사님께 의논을 드렸더니 2천 원을 주셨다. 그것으로 차표와 전도지를 샀다. 막상 떠나려고 하니 따라가겠다는 후배가 여섯 명이나 붙었다. 여섯 명이나 되는 거지들을 누가 먹여 주겠는가 걱정이 되었지만, 하나님만 의지하고 데리고 나섰다.

목적지를 정하지 않고 서울역으로 가 무턱대고 남원에 가는 기차표를 샀다. 남원에서 내려 춘향 사당을 구경하고 경상남도 함양으로 가는 차를 탔다. 함양에 갔는데도 돈이 조금 남아서, 산청에 가는 버스표를 사고 나니 돈이 다 떨어졌다. 버스 종점에 내린 우리는 무작정 교회를 찾아갔다. 마흔쯤 되어 보이는 전도사님에게 자초지종을 설명하니 자기와 함께 전도 좀 하고 가라고 하신다. 꿀물을 타 주셔서 마시고는 바로 동네에 전도하러 나갔다. 후배들도 따라나섰다.

산골짜기 곳곳에 흩어져 있는 100호가량의 집을 다 방문했다. 당시 신학교 1학년이었던 나는 성경 지식도 부족하고, 설교는 더욱 미숙했기에 사람들을 모아 놓고 탕자의 비유만 계속 전했다. 그러다가 막히면 전도사님께 사인을 보냈다. 그러면 그분이 이어서 재미있게 설교를 진행하셨다. 함께 노래하고 춤도 추었다. 동네가 완전 잔치 분위기로 일어났다. 그러면서 완고하던 동네 사람들이 교회에 모이기 시작했다. 그렇게 일주일을 보내고 떠났는데, 그 전도사님과는 그 후에도 좋은 교제를 계속 이어 나갔다.

떠날 때 전도사님이 500원을 주셨다. 그때가 1973년이었으니, 지금으로 치면 한 5만 원 정도 되는 액수일 것이다. 그 돈으로 여섯 명이 한 달 이상을 버텨야 했다. 여섯 명이 한꺼번에 들어가서 밥을 달라고 하면 시골 사람들은 다 먹고 치웠다며 손사래를 쳤다. 거지 대장으로서 고민이 되었다. 결국 20원짜리 건빵을 한 봉지씩 사 주고는 그것으로 이틀을 보내기로 했다. 즉시 비참한 상황이 되었다. 건빵도 배불리 먹으려면 물에 불려서 먹어야 했다. 이틀을 함께 그러다 보니 정말로 거지가 되었다.

이제 걸어갈 힘도 없었다. 버스가 가끔 먼지를 날리며 지나갔다. 너무 힘들어 길가에 주저앉거나 누워서 기도하기 시작했다.

"오, 아버지, 보이시나요? 너무하십니다. 그만두라는 말씀인가요?"

그때 마음에 솟아나는 음성이 있었다.

'주기도문도 모르느냐? 나는 일용할 양식을 주었는데, 너는 그것으로 한 달을 살려고 하느냐? 네 방법은 항상 그 모양이구나. 그게 나를 믿는 것이냐?'

정말 그랬다. 하나님을 의지하는 것이 아니라 나 자신을 의지했다. 나뿐 아니라 다섯 명 모두에게 그러했다.

나는 일행과 함께 버스를 타고 읍내로 이동해 우선 수박 한 통을 시원하게 사 먹었다. 그리고 설렁탕을 한 그릇씩 주문해서 먹은 후에 다시 빈손의 거지로 돌아가고 말았다. 그러나 그 이후로 한 번도 굶은 적이 없었다. 전혀 모르는 사람이 돈을 주기도 하는 등, 오히려 평상시보다 여러 배 더 많은 십일조를 낼 수 있었다. 정말로 신기한 경험이었다.

우리는 상황보다 하나님을 의지해야 한다. 하나님 없이 상황만 보면 세상 사람처럼 살 수밖에 없다. 상황을 보더라도 하나님을 의지하고 하나님과 함께 지배해야 한다. 그러면 모든 상황이 신자를 위해서 선으로 바뀐다. 아무리 힘들어도 악한 상황은 없다. 악하게 해석하지 말고 선하게 풀기 바란다. 그러면 모든 것이 합력하여 선을 이루게 된다. 그리고 하나님께 감사하게 된다. 나는 그때의 경험을 통해 목회도 이렇게 해야 함을 배웠다.

# 말씀과 능력

하나님과의 관계에서 무엇이 가장 중요할까? 사람들은 믿음을 강조한
다. 어떤 이는 사랑이 최고라고 하고, 어떤 이는 의의 필요성을 말하기
도 하며, 어떤 이는 열정이 있어야 한다고 말한다. 모두가 다 맞는 말이
요, 신앙생활에서 필요한 요소들이다. 그러나 인간에게서 나오는 것은
최상의 것이라도, 하나님의 것에 비하면 그림자에 불과하다.

　믿음을 아무리 강조해도 실제로 필요할 때 믿음이 발휘되는 것은 다
른 문제다. 한 예로, 의사에게 암 선고를 받는다면 그 즉시 믿음이 사
라진다. 이때야말로 믿음이 필요한 때인데 말이다. 사랑도 그렇다. 배
신을 당하거나 욕을 먹는다면 신자라도 전혀 사랑이 일어나지 않는다.
소망도, 의리도, 정직도, 인내도 인간에게서 나오는 것은 모두 인간의
수준이요, 그림자에 불과하다. 그것을 내세워 하나님을 기쁘시게 하거
나, 그것을 드려 하나님의 것을 얻어 낼 수는 없다.

　성경이 말씀하는 믿음, 사랑, 의, 열정은 모두 영적인 것으로 하나님
의 수준이다. 생각해 보라. 산을 옮기는 것은 인간의 믿음으로는 가능
하지 않다. 원수를 사랑하는 것도 하나님의 사랑으로만 가능하다. 구

원을 받기 위해서도 하나님의 의를 가져야 한다. 인간의 의는 하나님의 의와 원수가 된다. 신앙생활을 인간의 힘으로 하려면 너무 힘들다. 힘든 정도가 아니라 불가능하다. 예수께서 바리새인들을 비난하신 것은, 할 수도 없는 선행을 껍데기 수준으로 행하면서 자랑했기 때문이다. 오히려 그들은 이렇게 말했어야 한다.

"솔직히 아무리 노력해도 우리의 선행은 흉내일 뿐이니 무슨 복을 받겠습니까!"

그렇다면 어떻게 해야 하나님의 것을 받아 누리고 사용할 수 있을까? 하나님이 주시는 통로가 있다. 바로 말씀이다. 하나님은 말씀으로 당신의 것을 주신다. 생명도, 사랑도, 의도, 믿음도 하나님이 당신의 것을 주셔야만 영원한 존재로 살아갈 수 있다. 예배나 기도나 찬송조차도 하나님이 힘을 주셔야만 가능하다. 그 통로가 바로 말씀이다. 그리고 이것이 개신교가 서는 토대다.

그러나 우리의 이해로는 말씀을 보고 들어도 우리 수준만큼만 깨달을 수 있다. 깨달음까지 하나님이 도와주셔야 한다. 말씀을 깨닫도록 하나님이 직접 우리에게 와서 감동시키셔야 한다. 이것이 바로 성령 하나님의 일이다. 성령은 말씀을 깨닫고 그것을 마음에 간직하게 한다. 말씀을 받을 때 바로 이해하는 사람은 많지 않다. 무슨 말인지 머리로는 알지만, 마음으로는 믿어지지 않는다. 이 믿어지는 단계가 참으로 아는 것이요, 말씀을 소유한 것이다.

그러기 위해서는 말씀을 늘 묵상하고, 암송하고, 입으로 말해야 한다. 그러면 성령께서 알게 해 주신다. 그리고 그 말씀을 마음에 소유하고 사용하게 하신다. 마치 예수 그리스도의 성육신과 같다. 하나님으로 오시면 육신뿐이요, 죄인인 우리는 그냥 멸망할 수밖에 없다. 그러나 인간으로 오신 그분을 받아들이고 모실 때, 그분의 다른 면인 하나님과 연결되어 그 하나님을 소유하고, 누리고, 발휘하게 된다.

성경이 바로 우리에게 성육신의 그리스도를 준다. 하늘의 언어로 주어지면 감당할 수 없기에 인간의 언어로 주어지는 것이다. 하지만 거기서 그치면 영적 세상과는 연결되지 않는다. 그 말씀과 똑같이 임재하는 하늘의 말씀을 느끼면서 읽어야 한다. 그래서 인간의 말의 다른 면인 하나님의 말씀을 통해 영적 세상을 받게 된다. 여기까지 가지 못하는 성경 읽기는 다른 종교의 경전만큼도 깊이를 누릴 수 없다.

신학교에 들어가서는 성경에 집중하기로 했다. 그래서 아침에 일어나 서른 장을 읽지 않고는 아무 일도 하지 않으리라 마음을 정했다. 그러려면 5시에는 일어나야 했다. 그렇게 한 시간을 읽고 새벽 기도에 나갔다. 처음에는 무슨 소리인지 도무지 들어오지 않았다. 그래서 그냥 재미없는 소설을 보듯이 읽어 나갔다. 그렇게 읽을 때마다 '바를 정'(正)을 적어 나갔다. 다섯 번까지는 억지로 읽었지만, 그 후로는 점점 재미있어졌다.

열두 번을 읽은 뒤에 버스를 타고 가는데, 별안간 성경 전체가 연결되기 시작했다. 구약이든 신약이든, 전체는 다르지만 서로 같은 몸이 되었다. 그 황홀함은 지금도 선하다. 그러던 어느 날, 마가복음 16장 17절에서 얼어붙었다. 여러 번 보았지만 별 감동이 없는 말씀이었다.

"믿는 자들에게는 이런 표적이 따르리니 곧 그들이 내 이름으로 귀신을 쫓아내며 새 방언을 말하며 뱀을 집어 올리며 무슨 독을 마실지라도 해를 받지 아니하며 병든 사람에게 손을 얹은즉 나으리라"(막 16:17-18).

'나는 믿는 사람이 아닌가!'

여기에는 아무런 조건이 없었다. 말씀은 모두 사실이라는 확신이 왔다. 분명 성령이 주시는 믿음이었다.

'나는 말씀대로 귀신을 쫓아내고 병을 고칠 수 있다!'

그 시간부터 방언을 하기 시작했다. 아픈 사람만 보면 "기도해 줄까요?" 하고 물었다. 나는 다른 사람이 되었다. 누구든 말씀의 권능을 경험하고 누리려면 말씀을 마음에 품어야 한다. 그러면 성령께서 믿음과 능력을 공급해 주신다. 그 뒤에 나오는 말씀을 보라.

"제자들이 나가 두루 전파할새 주께서 함께 역사하사 그 따르는 표적으로 말씀을 확실히 증언하시니라"(막 16:20).

신자의 삶에는 표적이 있다. 이 표적을 경험하지 못했다면 성경에 집중하기 바란다. 성경은 모두 살아 있는 말씀이며, 사실이다. 뿐만 아니라, 이 삼차원의 세상을 뚫고 영적 세상을 누리게 한다.

# 담뱃불 흉터

말씀을 확실하게 만들어 준 사건이 하나 더 있다. 신학교 2학년 여름 방학이었다. 새로운 교회에 중고등부 교육전도사로 부임한 지 몇 달이 되지 않았을 무렵에 고등부 여름 수련회를 가게 되었다. 당시에는 교회에 학생이 많아서(중등부 약 150명, 고등부 약 50명) 중등부와 고등부로 나누어서 수련회를 가게 되었다. 양평에 있는 원덕이라는 곳에 큰 기와집을 하나 빌려 새벽 기도를 마치고 떠나 도착해서 바로 점심을 먹었다. 당시에는 차가 없었기에 버스, 기차, 다시 버스를 타고 오랜 시간 고생하며 가야 했다.

점심 식사 후에 물놀이를 갔다가 여학생들이 먼저 돌아왔다. 먼저 물을 쓰려는 생각이었다. 그런데 동네 불량배들이 여학생들을 툭툭 건드리다가 마지막 학생의 뺨을 담뱃불로 지지는 사건이 벌어졌다. 그 상황을 보던 다른 여학생 하나가 정신이 이상해졌다. 나도 이성을 잃어 몽둥이를 들고 불량배들을 찾아 나섰다. 그러다 문득 정신이 들었다.

'내가 지금 무슨 일을 하고 있는 거지? 그런다고 상처가 없어지나?'

나는 신자요, 전도사였다. 죽으나 사나 하나님께 매달려 해결을 보아야 했다. 이것은 참으로 잊지 말고 실천해야 할 일이었다. 세상에서 보면 무력하고 한심한 방법이다. 그래서 많은 신자가, 심지어 목회자들도 세상 방법으로 해결하려고 한다. 그러면 세상적인 과정과 열매들이 나온다. 그러나 그럴 수도 없는 것이, 당시 나에게는 세상적인 수단은커녕 아무것도 없었다. 그저 기도할 수밖에 없었다.

그날 밤, 설교 후에 기도를 시켰다. 나부터 기도가 절실했다. 우선 해당하는 구절을 마음으로 찾아보았다.

"환난 날에 나를 부르라 내가 너를 건지리니 네가 나를 영화롭게 하리로다"(시 50:15).

"이는 그가 너를 새 사냥꾼의 올무에서와 심한 전염병에서 건지실 것임이로다"(시 91:3).

"내 이름으로 무엇이든지 내게 구하면 내가 행하리라"(요 14:14).

말씀은 여러 개였다. 그러나 문제는 믿음이 없었다. 도무지 믿어지지 않았다. 담뱃불 흉터는 절대로 없어지지 않는다. 요즘 성형외과에서도 완벽하게 해결하지는 못한다. 그럼에도 왼쪽 얼굴 한가운데 화상을 입은 학생에게 안수하고 기도해 주었다. 그 학생은 하나님이 고쳐 주실 것을 믿는다고 했다. 그러나 나는 그 아이보다도 믿음이 없었다. 믿어지지 않았다. 이어서 정신이 이상해진 여학생에게 명령했다.

"귀신아, 나가라."

그러나 아무리 해도 그대로였다. 시간은 가고 모두가 지쳐 있었다. 너무 혼란스러웠다. 밤새도록 이러고 있어야 하는 것일까? 당시에는 말씀의 성취에 관한 일반적인 이해가 있었다. 기록된 말씀은 '로고스'

요, 믿어지는 말씀은 '레마'라고 말이다. 로고스만 가지고는 해결되지 않고 레마가 있어야만 기도가 이루어진다고 말이다. 그러나 아무리 기도해도 믿어지지 않았다. 옛날 친구들 팔이나 얼굴의 담뱃불 흉터가 너무나도 생생했기 때문이다. 목회자를 지망하면서 처음 당하는 무서운 시련이었다. 결국 결심하고 기도했다.

"하나님, 고치고 해결해 준다고 약속하셨습니다. 그러나 아무리 노력해도 믿음이 생기지 않습니다. 그러면 약속이 무효가 되나요? 그럴 수 없습니다. 하나님의 말씀은 변하지 않습니다. 저에게는 믿음이 없지만, 하나님은 전능의 신이십니다. 저는 하나님이 약속을 지키시는지 지켜보겠습니다."

이 외에 다른 방법은 없었다. 밤새 몸부림을 쳐도 달라질 것은 없었다. 하나님 수준의 믿음은 하나님이 주셔야만 가능했기에 내 믿음으로는 어림도 없었다.

그렇게 그 무서운 밤이 지나가고 수련회도 끝났다. 그리고 시간이 흘러 토요일이 되었다. 학생들이 성경 공부를 하러 모이기 시작하는데, 두려움이 몰려왔다. 먼저 정신이 이상해졌던 학생이 왔다. 본래 조용한 학생이었는데, 별안간 이상하게 명랑해지면서 전혀 부끄러움을 모르는 상태로 변했었다. 주위 학생들이 무서워할 정도였다. 그런데 이제는 말짱해졌다. 잠시 후에 담뱃불 흉터를 입었던 학생이 왔다. 들어오는데 얼굴에 커다란 딱지가 붙어 있었다. 순간 너무도 두려웠다. "내가 좀 만져 볼게" 하고는 얼굴에 손을 댔는데, 그 순간 눈앞에서 딱지가 떨어져 나갔다. 그런데 이게 웬일인가! 그 학생의 얼굴에는 아무런 흉터도 없었다. 옆의 피부와 똑같았다. 마치 아무 일도 없었던 것처럼 말이다. 정신이 아뜩해진 나는 그 자리에 무릎을 꿇었다.

"이제 알았습니다. 제가 믿지 못해도 하나님은 말씀대로 이행하십니다. 비록 믿음이 부족해도, 말씀을 품고 묵상하며 기다리겠습니다."

그렇다. 우리 인간에게 무슨 자랑할 만한 믿음이 있겠는가! 하나님 수준의 믿음은 하나님이 주셔야 한다. 그리고 그 믿음은 말씀에서 온다. 참으로 놀라운 경험이었다. 그때부터 더욱 믿음이 분명해지면서, 하나님의 역사도 분명해졌다.

# 하나님의 의

나의 신앙과 인생관이 획기적으로 바뀌게 된 계기가 있다. '하나님의 의'라는 개념을 깨달은 것이다. 이것은 내 힘이 아니라, 하나님의 힘으로 신앙생활하는 문을 열게 해 주었다.

종교 개혁은 가톨릭의 형식적이고 외형적인 신앙이 아니라, 실제적이고 영적인 신앙을 갖게 해 주었다. 모두가 그것을 얻은 것은 아니지만, 적어도 영적 세계의 문을 여는 방법을 알려 주었다는 점에서 마르틴 루터(Martin Luther)는 참으로 위대한 인물이 아닐 수 없다.

개신교 신앙은 두 가지 원리로 이루어져 있다. '오직 성경'과 '오직 믿음'이 그것이다. 이 두 가지 원리가 삼차원의 한계를 벗어나 영원하고 영적인 세상을 누리게 하는 통로다. 단어로만 보면 아주 간단하다. 그러나 여기에는 엄청난 진리가 담겨 있다. 성경의 말씀은 영적 세상으로 들어가는 문이다. 하지만 거기서 그치는 경우가 너무 많다. 그 안에 들어가려면 열쇠가 필요한데, 그것은 믿음으로만 얻을 수 있다. 그 열쇠가 무엇인가? 바로 예수 그리스도다.

우선 첫 번째 원리를 살펴보면, 성경만이 진리요, 구원의 통로라는 것이다. 그냥 보면 별것 아닌 것처럼 보인다. 그보다 더 무게와 깊이가 있어 보이는 책이나 경전들이 있다. 그러나 성경은 세상적으로도 진리지만 거기서 멈추지 않는다. 그 이상이다. 칼빈(John Calvin)의 표현대로 말하면, '영적 세상을 보여 주는 안경'이라 할 수 있다. 그렇기에 성경을 이해함에 있어 세상 차원에서 그쳐서는 절대로 안 된다. 성경을 통해 영적 세상을 보고 그로부터 유익을 누려야 한다.

성경의 내용을 우리 자신의 것으로 만들기 위해서는 믿어야 한다. 이때 믿음은 인간적인 믿음이 아니라, 영적 감동으로 오는 하늘의 믿음이다. 신비한 믿음이다. 아직 확실한 믿음이 오지 않아도 믿고 싶은 마음이 일어나 그것을 품게 한다. 그러면 그대로 이루어진다. 예수께서 우리의 구세주임을 믿게 한다. 예수께서 하신 모든 일이 우리를 위함임을 믿게 한다. 그래서 우리가 엄청난 존재로 바뀌었음을 믿어 놀라운 일을 하게 한다.

두 번째 원리는, 믿음이다. 이 믿음으로 우리는 우리 자신이 의로워졌다는 사실을 알게 된다. 죄의 몸으로 태어난 우리는 의롭기는커녕 죄인이다. 그렇기에 무슨 선한 일을 한다고 의로워지지 않는다. 그러나 완전한 의 자체이신 예수와 하나 되면 즉각 의인이 된다. 세상적으로는 말이 안 될지 몰라도 놀라운 영적 진리다. 이 사실을 믿을 때 우리는 예수 그리스도 수준의 완전한 의인이 된다. 이것이 믿음으로 의로워지는 것이다.

성경 말씀이 모두 사실이라는 것을 깨달으면 그 안에 약속된 말씀의 효력을 보기 시작한다. 그 출발점이 하나님만 가지신 하나님 수준의 의를 우리의 것으로 삼는 것이다. 그래야 하나님 앞에 그리고 세상과 마귀 앞에 당당히 설 수 있다. 우리가 한 일은 아무것도 없다. 우리는 어떠한 자격도 없이 믿음으로 완전한 의인이 되었다. 이 사실을 믿고, 인정하고, 주장할 때 실제적인 의의 능력이 나온다. 이 믿음이 무엇이든 극복할 수 있는 능력을 주는 것이다. 놀라웠다. 이것은 나에게 말 그대로 계시였다.

신학교 2학년 때였다. 교육전도사로서 토요일마다 고등부 학생들에게 엠마오성경학교에서 나온 얇은 교재를 가지고 말씀을 가르쳤다. 하나님, 인간, 죄, 그리스도, 성령 등 조직신학적으로 각 장이 진행되었다. 그러다가 '하나님의 의'라는 장에 이르렀다. 두 번에 걸쳐 다루어야 했으니 다른 주제보다 갑절로 중요했다. 그러나 준비하면서도 그 가치를 몰랐다. 그저 예수 믿으면 하나님의 의가 주어져서 하나님 앞에 의인으로 선다는, 늘 듣는 이야기로 여겼다.

'믿음으로 의로워진다'는 가르침은 대다수의 신자도, 심지어는 목회자들도 건성으로 생각하는 개신교 신앙 원리다. 그러다 보니 그 영적 의미와 능력을 제대로 알지 못하고, 그 놀라운 의를 평생 사용하지 못한 채 자신의 의로 하나님 앞에서 인정받으려 한다. 예배도, 기도도, 헌금이나 봉사도 모두 자신의 힘으로 자신의 수고와 희생을 드려 대가를 받으려는 시도일 뿐이다.

그러나 인간의 의는 모두 인간의 수준일 수밖에 없다. 육신이 만드는 의이기 때문이다. 이스라엘 백성이 그것으로 하나님 앞에 서려 했다가 실패했다. 로마서 10장 2-3절을 보라.

"그들이 하나님께 열심이 있으나 올바른 지식을 따른 것이 아니니라 하나님의 의를 모르고 자기 의를 세우려고 힘써 하나님의 의에 복종하지 아니하였느니라."

이스라엘은 하나님께 열심이 있었다. 그러나 잘못된 열심이었다.

설교를 시작하면서 성령의 임재가 느껴졌다. 예수를 믿으면 주어지는 의, 인간의 의가 아닌 하나님의 의가 깨달아졌다. 이 완전한 의를 그냥 주시다니, 감격스러웠다. 학생들도 함께 감격했다. 방 안이 환하게 밝아졌다. 모두 한동안 아무 말이 없었다. 학생들의 눈이 젖어 있었다. 그 이후로 우리는 전과 같을 수 없었다. 특별히 나는 더 그러했다. 삶에서도, 설교나 공부를 할 때도 신비한 힘을 느끼게 되었다.

사람들이 생각하는 의, 곧 자기의 의가 문제다. 다른 것과는 비교가 안 되는 하나님의 의가 있다는 것을 모르기에 자기의 힘을 다해서 의로워지려 한다. 그러나 그 의는 하나님의 의와 반대다. 그것이 많을수록 자부심을 가지고 자신이 훌륭하다고 생각한다. 이스라엘 백성에게는 인간의 의가 많았다. 그러나 그것은 육신이 만든 의였다. 남과 비교해서 훌륭하다고 생각하는 의에 불과한 것이었다.

루터도 '하나님의 의'라는 개념을 모를 때는 자신이 있었다. 하루에 일곱 번씩 예배하고, 항상 금식하며 기도했다. 남들과 비교해 볼 때 자신의 의는 넘쳤다. 그러다 성경에서 '하나님의 의'라는 표현을 발견하고는 분노가 일었다. 하나님께서 당신의 의를 가지고 나타나시면 누가 그 앞에 설 수 있겠는가! 사실 그에게도 말하지 못할 문제가 있었다. 아무리 의롭게 살려 해도 되지 않았다. 이성을 보면 음란한 생각이 저절로 들고, 원수를 보면 미움이 솟아났다. 금식을 해도 다시 음식을 먹으면 모든 욕심이 일어났다.

그럴수록 루터는 더욱 인간적인 차원에서 의를 쌓아 보려고 모든 노력을 기울였다. 그러나 하나님의 의는커녕 근처에도 도달할 수 없었다. 마지막으로 그는 순례의 길을 택했다. 수도원장의 심부름으로 로마에 가게 되었을 때 그는 감격했다. 모든 죄를 용서받고 축복을 받는 길이었기 때문이다. 그러나 그곳에 있는 신부들도 다를 것이 없었다. 성지마다 가서 입 맞추고 기도해도 아무것도 달라지지 않았다. 결국 그는 절망했다. 로마 순례까지도 천국을 경험하도록 만들어 주지 못했던 것이다.

그는 돌아와 성경을 깊이 공부하면서 깨달음을 얻었다. 인간의 노력으로는 아무리 해도 천국에 이를 수 없다는 깨달음이었다. 성경은 말씀한다.

"기록된바 의인은 없나니 하나도 없으며"(롬 3:10).

그래서 예수님이 하나님의 의를 가지고 이 땅에 오셨다. 그분을 모셔 들이면 하나님의 의가 함께 들어온다. 그것은 영적이고 영원한 의로서, 거룩하고 능력이 충만하다. 인간의 의는 최고라도 육신일 뿐, 영과는 비교할 수가 없다. 여기서 루터의 영적 대각성이 나왔다. 하나님의 의를 받은 사람으로 변화된 것이다. 육적 차원에서 영적 차원이 되었다.

그래서 하나님의 의가 종교 개혁의 실질적이고 내용적인 원리가 되었다. 이것을 믿고 받아들인 사람은 하나님의 의를 누린다. 아무도 감당할 수 없는 하늘의 의를 받는다. 하나님이 편들어 주시는 놀라운 존재로 변한다.

"누가 능히 하나님께서 택하신 자들을 고발하리요 의롭다 하신 이는 하나님이시니"(롬 8:33).

하나님의 의로 의로워졌음을 알아야 축복과 능력이 따라온다. 종교개혁은 그 힘으로 이루어진 것이다.

# 하나님의 의의 적용

하나님의 의는 우리가 무엇을 해서 얻는 것이 아니다. 우리가 무엇을 해서 얻는 의는 아무리 해도 죄인의 의요, 인간의 의요, 육신의 의다. 아무리 해도 하나님의 영적이고 영원하고 거룩한 복을 받아 낼 수 없다. 그러기에 하나님이 당신의 의를 가지고 사람이 되어 오신 것이다. 그분이 바로 구원이신 예수 그리스도다. 그분의 영을 모시면 하나님의 의도 동시에 들어온다. 이 사실을 믿는 것이 곧 믿음으로 의로워진다는 진리다.

다른 종교나 철학에는 이 놀랍고도 완전한 의의 개념이 없다. 불교식으로 아무리 다시 태어나 선을 행해도 여전히 영이 아니라 육신이요, 인간이고 죄인일 뿐이다. 그러나 하나님의 의가 우리 안에 들어왔음을 믿는 순간, 우리는 전혀 다른 차원의 사람이 된다. 하나님께서 우리를 의롭다고 여겨 주셨기 때문이다. 이것을 신학적 용어로 '칭의'라 한다.

우리는 우리의 힘으로 행한 것을 내려놓아야 한다. 순전히 하나님의 의만 잡고 그것만을 내세워야 한다. 그러면 전혀 새로운 세상이 열린다. 고등부 토요 성경 공부 시간에 이 깨달음이 밀려왔다. 학생들에게 무엇이 달라졌는지를 물었다.

"전에는 내 힘으로 의를 행해서 대가를 받으려고 했어요. 선한 행동을 해서 조금씩 의로워지려고 했어요. 이제는 예수님 덕분에 먼저 의로워지고, 의인으로서 의를 행하게 되었어요. 나는 부족해도 여전히 하나님의 의는 나를 완전히 의롭게 만들어 줍니다. 무엇을 하든 언제나 먼저 믿음으로 의인이 되었음을 확인합니다."

고등학생이 어떻게 이런 수준의 신앙을 말할 수 있을까! 놀라운 일이었다.

나 자신도 완전히 달라졌다. 죄인으로서 의로워지려는 삶이 아니라, 의인으로서 의를 행하는 삶이었다. 설교도 달라졌다. 전에는 복 받기 위해서 열심히 노력하라고 했다면, 깨달음을 얻은 후에는 받은 복을 믿고 노력하라고 설교하게 되었다. 노력하고 열심히 하나님을 섬기며 살라는 말은 같은데, 출발점이 달랐다. 먼저 의인이 되고 하나님의 자녀가 된 뒤에 그 믿음으로 열심을 내라는 것이었다. 다른 설교자들과 반대였다. 솔직히 두려운 마음도 일었다.

'혹시 내가 이단이 되었나? 왜 나는 다르게 설교하지?'

그래서 찾아본 것이 어거스틴(Augustine)이요, 루터요, 칼빈이었다. 그들도 나와 똑같이 말하고 있었다. 놀라웠다. 나는 더욱 확신을 가지고 설교하게 되었다. 그 결과 변화와 치유가 많이 일어났다.

이것이 복음이다. 복된 소식의 내용이 무엇인가? 인간의 힘으로는 구원을 얻을 수 없다. 그래서 하나님이 구원의 조건을 다 이행한 후 받아들이라고 하신다. 당신에게만 있는 의를 가지고 와 받으라고 하신다. 그래서 완전한 의인으로 하나님 앞에 서서 당신의 모든 복을 받으라고 하신다. 설교는 이 복음을 말해야 한다.

하나님의 의와 하나님의 복의 힘으로 산다면 자신부터 잘된다. 먼저는 양심이 깨끗해지고, 두려움이 없어진다. 하나님이 의롭다고 하신 완전한 의를 가졌기에 그렇다. 그리고 하나님의 의를 믿는다면 의를 행할 힘이 일어난다. 참으로 놀라운 계시다. 이 사실을 알지 못한 채 교회에 다니는 사람이 너무도 많다. 이 책을 읽는 사람마다 성경의 복음 그대로 2천 년이나 전파된 이 비밀을 깨닫게 되기를 바란다. 참으로 하나님의 의는 종교 개혁이라는 위대한 일을 해냈을 뿐 아니라, 오늘도 우리에게 모든 참되고 영적인 개혁을 준다.

## 2부

목회는
피, 땀, 눈물로
자란다

# 미국 비자 받기

1970년대 당시에 보통 사람은 해외여행을 꿈도 꾸지 못했다. 지금처럼 여권을 받아 놓고 언제든지 원하면 나갈 수 있는 시스템이 아니었다. 가려는 나라에서 누군가가 초청장과 함께 재정 보증서를 보내 주어야 했다. 그러면 한 번 갔다 올 수 있는 단수 여권이 나왔다. 물론 그전에 먼저 여권을 받을 수 있는 자격 심사와 신원 보증을 거쳐야 했다. 범죄 사실은 없는지, 북한에 간 친척은 없는지 등을 심사했다. 그것만으로 두 달이 소요되었다. 비행기 표 비용도 만만치 않았다. 그러다 보니 외국에 갔다만 와도 자랑거리였다.

유학생은 앞의 조건에 더해서 유학 시험을 보아야 했다. 영어, 시사, 국사였다. 몇 달 공부해서 한 번은 떨어지고, 두 번째 시험에 합격했다. 이제는 미국 학교로부터 입학 허가서를 받아야 했다. 그러려면 토플 성적이 최소한 550점은 되어야 했는데, 학원에 가서 공부한 후 몇 번 시험을 본 뒤에 그 성적을 받게 되었다. 이것이 끝이 아니었다. 누군가가 재정 보증을 해 주어야 했다. 감사하게도 모든 조건을 충족시킨 나는 여권을 받을 수 있게 되었다. 나는 그 여권을 보물처럼 가슴에 품고 다녔다. 이후 항공권 예약을 위해 대사관 밖에서 몇 시간 줄을 선 뒤에 비자 인터뷰를 진행했다. 다행히도 비자를 받게 되어 무사히 항공권을 예약할 수 있었다.

출국을 앞두고 교회에서 그리고 친구들이 송별회를 해 주었다. 그리고 온 교우가 당시의 국제공항이었던 김포공항으로 나와 주었다. 적게는 수십 명에서 수백 명이 모인 듯했다. 모두 함께 〈우리 다시 만날 때까지〉(새찬송가 222장)를 우렁차게 찬송한 후 목사님께 기도를 받고 출국장으로 들어섰다. 교우들은 입구에 서서 내가 보이지 않을 때까지 손을 흔들며 배웅해 주었다. 김포공항에서 흔히 볼 수 있는 광경이었다.

여기까지가 행복의 절정이다. 비행기를 타고 미국에 도착한 후로는 처절한 상황이 시작된다. 그래도 그 상황까지 간 사람은 축복받은 것이었다. 그 당시 목사는 비자 받기가 하늘의 별 따기였다. 목사는 영주권을 받기가 아주 쉬웠기 때문이다. 한국이 너무나도 못살 때였다. 미국에 도착하면 하늘나라에 안 가도 일단 그곳이 천국이었다. 그렇게 영주권을 받아 낸 뒤에는 가족 모두를 미국으로 데려갔다. 이러한 사실을 모르는 많은 목회자가 여권만 받고 미국에 간다고 광고한 후 송별회까지 마쳤지만, 결국은 비자를 받지 못해 미국행을 포기하는 경우가 많았다.

나도 그러한 사실을 알았기에 대사관에 들어가기가 무서웠다. 아침에 도착하여 몇 시간 동안 줄 서서 기다린 뒤에 건물 안으로 들어갔다. 내 차례가 되자 영사가 물었다.

"○○교회를 알고 있습니까?"

안다고 하면 좋을 것 같았다.

"잘 압니다. 같은 교단입니다."

"그래요?"

그러더니 옆에 놓인 한 무더기의 서류를 보여 주었다.

"이게 ○○교회 부목사들이 돌아오겠다고 작성하고 사인한 서류들입니다. 아무도 돌아온 사람이 없습니다. 미안하지만 비자를 줄 수 없습니다."

내 입장을 설명하려는데 다른 직원을 불렀다. 나는 말도 못 한 채 여권만 받고는 쫓겨나고 말았다.

어떻게 집까지 왔는지 모르겠다. 이불을 뒤집어쓴 채 며칠 동안 밥도 안 먹고 누워 있었다. 세상이 끝난 것처럼 말이다. 너무도 간단한 이 상황을 위해서 그 많은 수고와 시간을 소비했단 말인가! 꿈은 허무하게 사라져 버렸다. 첫해 대학 입시에 실패하고 당한 좌절감 이상의 절망감이었다. 기도도 나오지 않았다. 하나님께 여쭸다.

"저는 이제 어떻게 해야 합니까?"

위기나 절망스러운 상황을 만났을 때 묻는 질문이었다. 아주 간절히 여쭈었다. 그러자 마음에 대답을 주셨다. 그 대답은 언제나처럼 나를 새롭게 일어나게 만들어 주었다.

'방법을 먼저 찾지 마라. 도울 사람을 먼저 찾지 마라. 완벽한 상담자, 보호자인 나에게 먼저 물어라.'

어찌 보면 해결 같지도 않은 대답이었다. 일어나 옷을 입고 밖으로 나갔다.

# 믿음이 있어야 꿈도 있다

누구나 감정적으로 가라앉는 경우가 있다. 하나님이 도우시는 것 같지도 않고, 나를 사랑하시는 것 같지도 않다. 아니, 하나님이 정말로 계시는 건지 의심스럽다. 일단 이런 상황이 되면 벗어나기가 힘들다. 이런 식으로 오래가면 갈수록 더욱 깊이 가라앉아 일어나기가 어렵고, 우울증이 깊어지면서 만사가 귀찮아진다. 이렇게 되면 약에 의존하여 겨우겨우 살아가게 된다. 다윗도, 엘리야도 그랬다. 시편에 기록된 말씀을 보라.

"내 영혼아 네가 어찌하여 낙심하며 어찌하여 내 속에서 불안해하는가"(시 42:11a).

얼마나 괴로웠을까? 그러나 그대로 머물면 망한다. 그러기에 기자는 선언한다.

"너는 하나님께 소망을 두라 나는 그가 나타나 도우심으로 말미암아 내 하나님을 여전히 찬송하리로다"(시 42:11b).

이 선언은 시편에 기록된 말씀으로, 이미 찬송이다. 이대로 찬송을 하고 있는 것이다. 그러나 이것도 우울증에 빠지고 고통스러워하는 이에게는 보통 힘든 일이 아니다. 그러나 그는 말한다.

"하나님이 나타나 도우신다. 그러니 나는 여전히 찬송한다."

그까짓 유학, 안 가도 되었다. 그러나 여러 해 수고했음에도 실패한 경험은 나를 너무도 아프게 했다. 삶의 의욕이 사라졌다. 하나님이 아주 멀리 계신 것처럼 느껴졌다.

'하나님은 정말로 나를 축복하시는가? 아니, 하나님이 정말 계시기는 한가?'

하나님은 변함이 없으시다. 문제는 하나님을 의지하는 우리의 믿음이 약해졌기 때문이다. 이럴 때는 하나님을 더욱 의지하고 분발해야 한다. 시편 기자처럼 고백해야 한다.

"너는 하나님께 소망을 두라 나는 그가 나타나 도우심으로 말미암아 내 하나님을 여전히 찬송하리로다"(시 42:11b).

구름이 덮여도 태양은 확실하게 빛나고 있는 것처럼, 절망의 구름에 눌려도 하나님은 여전히 함께 계시며 도우신다. 그러니 우리가 반응해야 한다. 여전히 찬송해야 한다.

당시 아무것도 가진 것이 없는 나에게 꿈과 용기를 준 책이 있었다. 로버트 슐러(Robert Schuller)의 《불가능은 없다》(대한기독교서회 역간)였다. 제목을 직역하면 '적극적 사고로 움직여라'이다. 먼저 꿈을 가지고, 그 꿈을 마음에 가득 품고 움직여 나가라는 것이다. 나에게는 분명 꿈이 있었다. 그러나 그것이 다였다. 비자가 거부되자 그 꿈은 사라지고 말았다. 나는 책의 내용대로 꿈을 다시 품어야 했다. 원하는 상황을 그려 가슴에 품어야 했다.

그러나 아무리 해도 비행기를 타고 미국에 가는 그림이 그려지지 않았다. 나는 일어나 버스를 타고 김포공항으로 향한 후 안에 들어가지 않고 옆의 철조망을 통해 비행기를 보았다. 비행기를 그렇게 가까이서 본 것은 처음이었다. 얼마나 크던지, 가슴이 울렁거렸다. 그곳에 한 시간도 넘게 서서 비행기에 집중하며 기도했다. 나를 태운 비행기가 하늘에 떠오르는 것을 상상하며 기도했다. 그렇게 다시 미국으로 가는 꿈을 가슴에 채우고 집으로 돌아왔다.

집으로 돌아와서는 탄원서를 썼다. 내가 왜 미국에 가야 하는지에 대한 내용과 반드시 돌아온다는 약속을 쓴 탄원서를 들고 대사관으로 향했다. 다시 몇 시간을 기다려 영사 앞에 섰다. 한 번 비자가 거절되면 다음에는 거의 불가능하다는 이야기를 들었다. 달라진 것은 탄원서 한 장이었다. 상황적으로는 가망 없는 일을 하고 있었다. 그러나 오히려 확률이 없으니 더 용기가 났다. 한번 해 보자는 마음이 생겼다. 하나님이 원하시면 될 것이고, 원치 않으시면 순종하면 되는 문제였다. 이미 학기는 일주일이나 늦어졌다. 미리 가서 준비해도 부족한데 말이다.

영사는 제출한 탄원서를 빨간 줄을 치면서 읽었다. 계속 내뱉는 말이 "말도 안 돼", "웃기네"의 연속이었다. 죽을힘을 다해 마음속으로 명령했다.

'예수 이름으로 명한다. 비자를 다오.'

잠시 후, 탄원서를 다 읽은 그가 말했다.

"비자를 드리겠습니다."

9개월짜리 비자였다. 목사 안수를 받기 위해 다음 해 5월 17일까지 돌아와야 했다. 물론 나는 약속을 지켜서 5월에 돌아왔다. 이후 목사 안수를 받은 뒤에 다시 대사관에 갔더니 영사가 물었다.

"박사 학위를 받으려면 얼마나 걸립니까?"

"적어도 5년은 걸립니다."

그러자 아무 소리 않고 5년짜리 복수 비자를 찍어 주었다. 약속을 지켰기 때문인 것 같았다. 온 세상을 얻은 기분이었다. 사실 이제부터 고생의 시작이었지만 말이다. 힘든 상황에 막연히 기다리지 않고 하나님만 의지하고 도전해 보는 일이 얼마나 중요한지를 배운 사례였다.

# 유학의 시작

이후 미국의 대학교를 소개하는 책을 구입했다. 당시에는 인터넷이 없었기에 직접 뒤져 보아야 했다. 두 가지 기준을 세웠다. 하나는 수준 높은 학교여야 하고, 다른 하나는 학비가 저렴해야 했다. ATS라는 기관이 인정한 신학교인 동시에 학비가 싸거나 장학금이 많아야 했다. 그러던 중 괜찮은 학교를 발견했다. '텍사스크리스천대학교 브라이트 신학대학원'이었다. 교단은 그리스도교회였는데, 한 학기 학비가 240달러로 놀랄 만큼 저렴했다. 알고 보니 신학교는 교단에서 학비를 지원해 주기에 수업료가 학점당 20달러였다. 12학점을 선택하니 240달러였다.

당시에는 나를 이끌어 주는 사람이 전혀 없었다. 교수님들의 관심도 끌지 못했다. 내가 봐도 나는 두각을 나타내는 학생이 아니었다. 교단의 유명한 목사님의 아들도 아니었고, 서울대학교를 나온 것도 아니었다. 공부를 탁월하게 잘하는 것도 아니었다. 그렇다고 교수님들을 열심히 찾아다니며 친분을 잘 맺지도 못했다. 누구에게 상담받거나 도움받을 대상이 전혀 없었다. 혼자 기도하며 덤벼드는 수밖에 없었다.

당시에는 나라가 하도 가난해서 독지가 이야기가 많이 돌았다. 어떤 부자나 유력한 사람에게 잘 보여서 도움을 많이 받았다는 이야기였다. 독지가가 길도 열어 주고, 학비도 대 주고, 심지어는 결혼도 시켜 주었다는 이야기를 들었다. 가난한 신학생에게는 얼마나 부러운 소리인가? 그러나 내게는 그런 사람이 없었다. 오직 하나님만 의지하는 것 외에는 다른 길이 없었다.

돌이켜 생각하면 참 잘된 일이었다. 만약 독지가가 있었다면, 그가 나의 하나님이 되었을 것이다. 사실 하나님만큼 확실하고도 불변하는 독지가가 어디 있겠는가. 그런데도 믿음이 부족하니 잠시나마 사람의 힘을 기대했던 것이다.

독지가가 없었던 나는 하나님께만 매달려 텍사스 포트워스로 향했다. 어떻게 학교를 찾아가야 할지 걱정하고 있는데 누가 "미스터 킴?" 하고 불렀다. 이런! 신학부 부학장님이 직접 데리러 나오셨다. 다음 날에는 자전거를 빌려서 타고 학교에 갔다. 텍사스가 얼마나 넓은지, 캠퍼스도 자전거로는 다 돌 수 없었다. 기숙사, 도서관, 강의실을 삼각형을 그리며 왔다 갔다 했다. 채플은 도서관 옆이었다.

학비는 그럭저럭 냈는데, 기숙사비와 생활비가 문제였다. 책을 사 볼 돈도 없었다. 교육전도사를 할 만큼 영어가 안 되니 사역을 할 수도 없었다. 그러던 중 학교 게시판에 성가대 지휘자를 구한다는 광고가 올라왔다. 감사하게도 그 교회에서 성가대 지휘자로서의 사역을 시작하게 되었다.

나에게는 차편이 없었기에, 주일 아침 일찍 학교 동료의 차를 타고 가서 예배를 마친 후 점심은 담임목사님 댁에서 얻어먹고 함께 양로원 사역을 나갔다. 기타를 치면서 찬송을 부르거나 엉터리 영어로 설교를 하곤 했는데, 할머니들이 좋아하셨다. 무슨 말을 하는지 잘 알아들을 수는 없었지만, 그들의 이야기도 들어 주었다. 사역을 마친 후에는 목사님 댁에 가서 함께 저녁을 먹고 저녁 예배를 드렸다.

하루는 교인 두 명이 커다란 누런 봉투를 가지고 학교로 찾아왔다. 나를 위한 '사랑의 헌금'을 했다는 것이다. 들여다보니 대부분이 1달러짜리로 150달러가량 되었다. 순간 모욕감이 일었다.

'내가 거지인가? 100달러와 50달러짜리 한 장씩이면 될 텐데 1달러짜리 한 보따리를 모아 오다니.'

기분이 상해서 필요 없다고 말하자 그들이 정색을 하고 말했다. 자기들은 한 번도 이런 적이 없었다는 것이다. 모두 나를 사랑하는 마음으로 낸 것이고, 또한 낸 돈을 그대로 가져오는 것이 정성이라고 말하며 얼마 안 되더라도 사랑을 받아 달라고 했다. 알고 보니 그것이 미국식이었다.

요점은 이것이다. 목회하면서 사람을 의지하려 해서는 안 된다. 독지가를 찾아서는 안 된다. 하나님이 독지가이시다. 하나님만 믿고 도전해 보라. 우리는 그러면서 배우고 성장하게 된다. 하나님은 반드시 길을 열어 주어 자라나게 하신다. 하나님을 의지하고 최선을 다해 보라. 그러면 돕는 사람들이 나타난다. 그래도 여전히 그 사람들을 의지하지 않도록 주의해야 한다. 그들을 사랑하지만, 항상 하나님만을 의지해야 한다. 그러면 당당하게 일어날 수 있을 것이다.

# 100달러로 한 달 살기

신자의 삶은 영적 세상과 육적 세상을 아우른다. 하지만 어떤 신자들은 영적 세상만 생각하고 물질적이거나 육신적인 것은 원하지 말라고 한다. 반면에 또 다른 신자들은 영적 세상은 전혀 생각하지 않고 순전히 물질적인 차원만을 생각한다. 그러나 예수 그리스도를 보면 영적 세상과 육적 세상을 한꺼번에 살고 계셨다. 영적 세상은 눈에 보이는 세상과 함께 있었다. 그분이 육신을 입고 세상에 오셨을 때, 모든 천사가 내려와서 찬양했다. 그분이 세례를 받으실 때, 하늘 문이 열리고 천군 천사들이 도열한 가운데 하나님의 음성이 들렸다.

성경은 영적 세상과 육적 세상을 가리지 않는다. 물론 육적 세상을 중심으로 쓰였지만, 필요하면 영적 세상도 보여 준다. 그렇다면 우리가 사는 것과 그것이 무슨 상관이란 말인가?

미국에서 처음 생활할 때 교회에서 성가대 지휘하고 받는 사례비가 100달러였다. 100달러로 한 달을 살아야 했다. 십일조와 기숙사비, 책값을 뺀 나머지를 계산해 보니 30달러 정도였다. 이 돈으로 식비를 해결해야 했다. 하지만 학교 식당에서 사 먹기에는 돈이 많이 없었기에 스스로 해결해야 했다. 그런데 할 수 있는 요리라고는 달걀프라이와 라면 끓이는 것이 전부였다. 결국 나는 1년 이상 대부분의 식사를 달걀프라이와 라면으로 해결해야 했다.

"나는 비천에 처할 줄도 알고 풍부에 처할 줄도 알아 모든 일 곧 배부름과 배고픔과 풍부와 궁핍에도 처할 줄 아는 일체의 비결을 배웠노라"(빌 4:12).

사도 바울이 배운 비결은 무엇이었을까? 배고픔을 억지로 참아 가면서 비참하게 사는 것이 비결이라는 뜻은 아닐 것이다. 바울은 이어서 고백한다.

"내게 능력 주시는 자 안에서 내가 모든 것을 할 수 있느니라"(빌 4:13).

'능력 주시는 자 안에서'란 무슨 뜻일까? 그분을 의지하고 함께한다는 뜻일 것이다. 실제로 달걀과 라면만 먹어도 별로 질리지 않았다.

누구든 물질적으로나 정신적으로 아주 힘든 시기를 경험한다. 내게는 신학생 시절도 그랬지만, 미국 유학 생활은 더욱 물질적으로 가난했다. 그러나 당시에는 전혀 가난하다는 생각이 없었다. 나는 더 큰 세상, 영적 세상의 주인이므로 하나님께서 당신의 백성에게 필요한 도움을 주실 뿐 아니라 당신의 백성을 보호 해 주신다는 믿음이 있었기 때문이다. 그러므로 내가 할 일은 감사하고 기대하는 것뿐이었다. 지금의 삶을 감사하고 기뻐하기 바란다.

그때 나는 이렇게 기도했다.

"오병이어의 하나님, 책값과 식비가 그것으로 충분하게 해 주세요."

가까운 곳에 한인 의사 가정이 있었는데, 그 부인이 라면이나 쌀을 가끔 가져다주었다. 그뿐 아니라 출석하는 교회에서 돌아가면서 일주일에 두 번씩 저녁 식사를 대접해 주었다. 내가 굶고 있다는 소문이 돌았던 것 같다. 학교에 와서 나를 태우고 집에 가서 식사를 대접한 후 다시 돌려보내는 방식이었다.

미국에서 공부하는 5, 6년 동안 레스토랑이라는 데는 한 번도 가지 못했다. 맥도날드도 생일에나 한번 가 볼 정도였다. 그런데도 텍사스에서는 교우들의 정성으로 미국 정통 요리를 며칠에 한 번씩 먹을 수 있었다. 지금까지도 그런 서양 요리는 먹어 본 적이 없다. 부담스러웠지만, 그래도 사랑의 빚이라 거절할 수 없었다. 30여 년이 지난 지금도 그때 교우들의 모습이 여전히 눈에 선하다.

"내가 산을 향하여 눈을 들리라 나의 도움이 어디서 올까 나의 도움은 천지를 지으신 여호와에게서로다"(시 121:1-2).

앞에 산들이 겹겹이 가로막고 있는가? 그것은 이 세상이다. 그 위에 계신 영적 세상을 지배하시는 하나님을 보라. 그분이 우리를 도우신다. 그 말씀대로 주장하며 믿고 기다리면, 영적 세상에서부터 필요한 모든 도움이 다 온다. 물질도, 견디는 능력도 주어진다. 신자는 이러한 과정을 통해 강한 사람으로 성장한다. 텍사스에서의 '100달러로 살기'는 장래의 삶을 향한 강한 용기와 의지를 북돋아 준 경험이었다.

# 역경을 훈련하라

텍사스의 신학교를 졸업한 후 박사 과정을 위해 몇몇 학교에 지원했다. 거절도 당하고 허락도 받았지만, 무조건 장학금 주는 곳을 선택했다. 뉴저지주 매디슨에 위치한 드루대학교였다. 아는 사람도 없고 돈도 없었다. 기숙사비를 위해 있는 돈을 다 털어 내고 나니 남은 것은 아무것도 없었다. 이제 일자리를 찾아야 했다. 학교에서 학생이 할 수 있는 일은 식당에서 접시를 닦는 일뿐이었다.

1천 명이 넘는 학생이 식사를 하다 보니 아르바이트생이 많이 필요했다. 식판에는 큰 접시 두 개, 작은 접시 두 개, 국그릇과 포크, 수저, 나이프가 실려 들어왔다. 몇 명이 일렬로 서서 음식 찌꺼기를 털고 돌아서서 기계에 그릇들을 꽂아 넣은 후 그릇이 세척되면 뽑아서 다시 내보내야 했다. 접시 닦기를 아주 낭만적으로 기대했는데, 그런 중노동이 따로 없었다. 그렇게 두 시간을 일하고 나면 기숙사로 돌아와서 두 시간은 자야 했다. 받는 돈은 최저 임금이었다. 몸에 밴 음식 찌꺼기 냄새는 아무리 씻어도 없어지지 않았다.

그러던 중 어떤 사람이 가게 보는 아르바이트를 제안했다. 한국 사람이 운영하는 가발 가게였는데, 학교에서 30분가량 떨어진 뉴어크시에 위치해 있었다. 뉴어크시는 뉴욕시로 들어가는 길목으로 흑인 지역이었다. 저녁 때까지 종일 서 있다가 30달러를 받았는데, 접시 닦는 일보다는 많이 받기에 일주일에 이틀을 가서 일했다. 그러다 보니 공부할 시간이 모자라 정말로 바빴다. 가게에 있으면 시간이 얼마나 느리게 가는지, "종은 저녁 그늘을 몹시 바라고 품꾼은 그의 삯을 기다리나니"(욥 7:2)라는 말씀 그대로였다.

한마디로 너무 바쁘고 피곤했다. 시간을 쪼개고 또 쪼개면서 공부해야 했다. 하나님께 불평도 꽤 했던 것 같다. 어떤 학생은 부모가 돈을 보내 주어 편하게 공부했다. 아버지가 큰 교회의 목회자인 경우에는 교회에서 지원이 왔다. 교단의 높은 사람도 많이 알아 여기저기에서 도움이 왔다. 그러나 나는 부모의 돈도, 배경도, 아는 사람도 하나 없었다. 그 흔한 햄버거 하나 사 먹을 돈이 없었다. 늘 일하러 다녀야 했기에 학생인지 일꾼인지 분간이 되지 않았다.

하룻밤에 영어로 된 책을 적어도 열 권은 다루어야 다음 날 세미나에서 토론에 참여할 수 있었다. 정말로 극단적인 싸움이었다. 공부할 시간이 짧았기에 낭비할 수 없었다. 바로 집중이 안 되면 그것으로 끝이었다. 그러다 보니 집중하는 훈련이 절로 되었다. 뜸 들이는 시간은 있을 수 없었다. 아무리 피곤해도 읽을 것은 읽고, 메모할 것은 메모한 뒤에야 잘 수 있었다. 이렇게 여러 해를 보내야 했다.

나중에 들으니 어떤 사람은 박사 과정을 통신으로 했다고 한다. 적어도 제대로 된 학교에서는 그럴 수 없다. 짧아도 2년은 학교 캠퍼스에서 살면서 수업을 들어야 한다. 각종 언어 시험은 물론 종합 시험도 통과해야 한다. 그런 다음에야 학교 밖에서 논문을 쓰며 공부할 수 있다. 그 어려운 과정을 무슨 수로 통신으로 한단 말인가!

힘들다고 정말 많이 불평했지만, 한 가지는 분명했다. 힘든 상황을 견디고 통과하면 그만큼 실력이 생긴다는 사실이다. 바삐 움직이다 보니 시간 사용하는 훈련을 저절로 한 셈이 되었다. 그러면서 시간과 돈이 넉넉한 다른 학생들보다 훨씬 빨리 졸업할 수 있었다. 시간이 많고 재정적으로 넉넉하면 공부하는 데 집중이 될 리가 없다. 자꾸 늘어지는 것이 습관이 된다. 그러다 보면 4년 박사 과정을 10년 이상 걸려서 마치게 된다.

졸업 후 한국에 와서도 시간 사용하는 훈련은 그대로 삶에 유익이 되었다. 교수로 일하면서 책도 여러 권 쓰고, 교회 일도 하고, 방송도 했다. 도대체 어떻게 그리할 수 있느냐고? 훈련이다. 힘들고 바쁠수록 감사하기 바란다. 특별 훈련을 받고 있는 것이다.

# 리치야, 머물러라

박사 과정은 공부의 차원이 달랐다. 한 주에 세 과목으로 강의가 적어서 시간 여유가 있을 것 같지만, 공부할 것이 너무 많았다. 게다가 돈을 벌기 위해 각종 아르바이트를 하러 다니다 보니 항상 시간에 쫓겼다. 수업 방법은 주로 토론이었다. 읽으라고 한 10여 권의 책을 어떤 방법으로든 들여다봐야 가능했다. 그리고 한 학기에 소논문을 서너 개씩 제출해야 했다. 교수가 그중에서 몇 개를 강의 시간에 읽게 했는데, 그러고 나면 다시 또 토론이 진행되었다. 우선은 영어가 짧아서 따라가기가 힘들었다.

지도 교수의 이름은 리치(Russell Richey)였다. 오늘의 내가 있는 것은 정말로 이분 덕분이다. 첫 학기 과목은 '청도교 신학'이었는데, 소논문 네 개를 내야 했다. 그중에 이미 두 개는 C를 받았기에 한 논문이라도 더 C를 받으면 바로 학교를 떠나야 했다. 교수님이 논문 이곳저곳에 고쳐야 할 것들을 써 주었는데 무슨 말인지 알 수가 없었다. 한국에서는 논문 쓰는 훈련을 받은 적이 없었기 때문이다. 베끼기만 하다 왔으니 당연한 결과였다.

학기 중간에 지도 교수님이 불러서 갔더니 커피 한잔을 따르며 이렇게 말씀하셨다.

"네 글은 전체적으로 여기저기서 문장을 베낀 것이다. 그러다 보니 논지가 없다. 너의 말로 글을 써라."

영어가 짧아서 그렇다고 하니 "그런 것은 걱정하지 마라. 내가 고치면서 읽겠다. 네 생각을 좀 써 봐라"라고 말했다. 아니, 그나마도 밤을 새워서 썼는데 더 어떻게 하라는 말인가. 할 수 있다는 생각이 전혀 들지를 않았다. 마음이 기진맥진하고 낙심이 되었다. 지도 교수실에서 나와서 학교 운동장의 넓은 잔디밭을 걸어 늘 기도하던 자리로 가서 무릎을 꿇었다.

"하나님 아버지, 저는 박사가 될 실력이 없습니다. 여기까지 보내 주신 은혜는 정말 감사합니다. 그래도 보내 주셨으니 인사는 하고 그만두어야 할 것 같아서 말씀드립니다. 이제 그만해야 할 것 같습니다."

바로 그때였다. 별안간 여호수아 10장 12절 말씀이 눈에 보이듯이 떠올랐다.

"여호수아가 여호와께 아뢰어 이스라엘의 목전에서 이르되 태양아 너는 기브온 위에 머무르라 달아 너도 아얄론 골짜기에서 그리할지어다."

하늘 문이 큰 소리로 열리는 것 같았다. 나도 모르게 일어나 지도 교수의 이름을 목이 터지게 외쳤다.

"리치야, 머물러라. 리치야, 머물러라."

얼마나 오래 그랬는지 모르겠다. 목이 쉴 때까지 외쳤다. 생각해 보면, 하나님의 말씀은 우리에게 참으로 믿음을 준다. 뿐만 아니라 신기한 능력도 준다.

나는 그대로 도서관으로 뛰어가 글쓰기와 논문 작성법에 관한 책들을 찾아냈다. 처음부터 그 훈련을 한 뒤에 대학원에 들어갔어야 했다. 이제라도 해야지 어쩌겠는가. 수업을 전폐하고 일주일 동안 해당되는 모든 책을 읽었다. 그러자 차츰 이해가 되기 시작했다. 학교마다 이러한 과정이 있어야 한다. 나중에 한국의 학교에 와서 이 과정을 열었는데, 공부한 모든 학생에게 새 세상이 열렸다. 강의를 들은 학생들의 고백이다.

사실 미국에는 논문 작성에 관한 책이 많이 출간되어 있다. 우리나라에서는 어쩌다 논문 작성법에 관한 책을 발견하더라도 각주나 참고서적 쓰는 방법 정도만 말할 뿐, 논문의 내용을 쓰도록 돕는 책은 별로 없다. 대학 입시의 논술은 서양식 논문을 쓰는 것과 다르다. 서양의 논문은 그렇게 골치 아픈 글이 아니다. 자기주장을 증명하는 글이니 가능하면 쉽고 재미있게 써야 한다. 그래서 학위를 마치고 한국에 와서 제일 먼저 쓴 책이 《논문 작성 이렇게 해라》(시대의창)였다. 지금까지도 잘 팔리고 있다.

이렇게 논문으로 중생하는 과정을 거친 이후에 지도 교수 과목에 소논문 숙제를 제출했는데 평가가 왔다. 놀랍게 발전했다면서, A학점 수준이지만 이러저러한 것이 부족하다는 글과 함께 B+를 주었다. 그제야 코멘트가 분명히 이해되었다. 그다음부터는 무슨 과목이건 써 내면 항상 A였다. 정말 자신이 붙었다. 논문 쓰기는 공부하는 방법 그 자체였다. 이후 공부의 길은 너무도 신나는 삶이었다. 믿음의 명령대로 리치는 확실하게 머물렀다.

그 당시 많은 한국 학생이 점수도 잘 주고 과제물도 많지 않은 쉬운 교수만을 찾아다녔다. 그리고 결과는 대개 시간만 낭비하는 것으로 끝나곤 했다. 혹시 그렇게 해서 학위를 받아도 여생을 실력 없는 상태로 보내야 한다. 하나님은 당신의 자녀들이 정말로 실력이 좋아지기를 원하신다. 그래서 도우신다. 우리는 하나님을 의지하고 언제나 정통 코스로 가기를 도전해야 한다. 그러면 하나님도 기뻐하며 세워 주신다.

# 미국 노회와 개척

뉴저지로 간 지 몇 달이 되었을 무렵, 한 교회에서 청빙이 들어왔다. 학교에서 차로 50분 정도 거리에 있는 교회였다. 그동안 싸우고 목사를 내쫓는 과정에서 장로를 중심으로 4, 5가정, 12명 정도가 모이는 규모였다. 목사 안수받은 지 1년, 31세 때였다. 주위에서는 모두 가지 말라고 했다. 그러나 내게는 다른 선택지가 없었다. 무조건 가야 했다.

나는 당당한 목사로 갔는데, 그들은 그렇게 보는 것 같지 않았다. 기도할 때마다 "어린 목사님께서 당돌하게 말씀 증거하게 하시고"라고 하는 것을 보니 정말 어리게 보는 것 같았다. 사례비도 생활비의 일부로 써야 할 만큼 아주 적었다. 그래서 밤에는 네 시간씩 청소를 했다. 그렇게 2년쯤 지나니 교인 수가 150명쯤 되었다. 그래도 사례비는 여전히 변함이 없었다.

목사 고시를 볼 때 면접 시험관이었던 목사님이 문제로 내 준 질문이 있었다.

"만약 목회하는 교회에서 사례비가 너무 적어서 생활이 안 되면 어떻게 하겠는가?"

"그냥 참고 해야죠."

"틀렸네. 그런 것은 말을 해서 시정해야 돼. 알겠는가?"

이 내용을 분명하게 기억하고 있었기에 시험관 목사님의 말씀대로 해 보았다.

"장로님, 학비 내기가 너무 힘듭니다. 예산이 많아졌는데 왜 사례비는 똑같습니까?"

그러자 이런 대답이 돌아왔다.

"목사님은 학생이니 파트타임입니다. 그래서 그렇습니다."

그럴수록 장학금이라는 명목으로 좋은 일을 할 수 있는데, 생각해 보면 참 생각이 짧은 분이었다. 여하튼 목사가 돈 이야기를 꺼냈다고 그때부터 '하드타임'이 들어오더니, 결국에는 그만두라고 했다. 노회에 가입되지 않은 단독 교회였기에 장로가 하라는 대로 그만두고 말았다. 얼마 후에 들으니 교인 수가 다시 12명이 되었다고 한다.

이런 경험이 있었기에 노회에 소속된 목사로서 일해야겠다는 생각이 들었다. 그래서 지역의 미국 노회에 지원했다. 여러 달 동안 여러 번의 심사와 인터뷰를 거친 후에 200명가량 되는 노회원 앞에서 신앙 고백서를 읽어야 한다고 했다. 그런 다음 질의응답의 시간을 거친 후 노회원으로 받을지 말지를 투표로 결정한다고 했다. 한국의 노회 가입과는 너무도 달랐다. 그러나 일단 노회원이 되고 나면 확실하게 노회원 대우를 해 준다고 했다.

그중 몇몇 젊은 목사가 질문을 했다. 나의 신앙 고백서가 너무 보수적이었는지, 과연 창세기에 기록된 대로 하나님이 천지를 창조하셨느냐고 물었다. 너무 당연한 것인데, 거기에는 진화론을 믿는 사람이 많았던 것이다. 계속 따져 묻기에 이렇게 말했다.

"이것이 나의 신앙이니, 받기 싫으면 받지 마십시오. 나는 그대로 믿을 것입니다. 성경은 기록된 그대로 사실입니다."

그랬더니 나가 있으라고 한 뒤에 투표를 진행했다. 다행히 받아들여져서 미국 장로교회 뉴저지주 팰러세이드 노회의 노회원이 되었다. 그러고 나서 얼마 후, 이전 교회에 출석하던 교인 몇몇이 찾아와 교회 개척을 제안했다. 20여 명 정도는 모을 수 있다고 했다. 그들을 만나 본 뒤에 노회에 교회를 개척하겠다고 보고하자 별안간 노회 총무가 찾아왔다. 노회 소속 교회 중에 하나를 고르면 오후에 사용하게 해 준다고 했다. 그러면서 정식 노회원이니 개척을 한다면 사례비는 노회에서 줄 거라고 했다. 이보다 더 감사한 소식이 어디 있을까! 모든 재정 문제가 일시에 해결되는 순간이었다. 그러나 마음 안에서 그것을 받지 말라는 소리가 있었다. 나는 노회 총무에게 말했다.

"고맙지만 안 받으면 안 될까요?"

"왜 그러시나요?"

"그렇게 되면 제가 교인들보다 노회를 의지할 것입니다. 그러면 교회에 전념하기가 어렵습니다. 저는 제 양들에게서 사례비를 받겠습니다."

그는 정말이냐고 몇 번을 묻고 확인하더니 이런 사람은 처음 본다고, 얼마나 당당한 선언이냐고 칭찬하며 떠났다. 사실 목회야 하나님이 하셔야지, 내가 무엇을 하겠는가. 하나님이 교인들을 보내 주실 텐데 무엇을 걱정하겠는가. 그렇게 우리는 한 교회에서 오후 2시 예배로 모였고, 1년이 지나자 150명이 넘어갔다. 이제는 청소하지 않고 사례비만 가지고도 공부할 수 있게 되었다.

벌써 30여 년 전의 일이다. 지금도 생각하면 꿈만 같다. 무슨 획기적인 방법을 사용한 것이 아니다. 설교를 잘하는 것도 아니고, 나이가 많거나 경험이 풍부한 것도 아니었다. 그저 하나님을 의지한 것밖에 없었다. 어차피 아무것도 없는 상황이었기에 하나님이 주시는 대로 하면 되었다.

원체 가진 것도, 실력도 없었기에 두려움도 없었다. 개척하면서 아내가 피아노 반주와 함께 주일학교 아이들을 가르쳤다. 담임목사인 나도 설교하기 전에 함께 성가대를 했다. 모든 것이 빈약하고 초라했다. 하지만 교회에는 항상 기쁨이 넘쳤다. 하나님은 계속해서 사람들을 보내 주셨다. 국제결혼한 사람도 오고, 장사하는 사람도 왔다. 지금도 뉴저지에 가면 그들이 다 모여서 파티를 열어 준다.

안타깝게도 그 교회는 계속 이어지지 않았다. 내가 한국으로 떠난 뒤에 다 흩어지고 말았다. 후임 목사를 세우고 교회가 든든하게 섰는데도 이민 교회는 그만큼 허약했다. 그래도 하나님을 의지함으로 미국 장로교회의 노회원 노릇도 해 보았고, 개척도 잘되어서 하나님의 은혜로 아름다운 목회 경험도 가지게 되었다. 하나님은 당신을 의지하는 사람을 절대로 실망시키지 않으신다.

# 하나님께 맡겨라

뉴저지의 교회는 학교에서 북쪽으로 한 시간쯤 떨어진 버겐 카운티라는 지역에 위치해 있었다. 그곳에는 한국 사람이 많이 살았다. 미국에는 한국처럼 집들이 붙어 있는 데가 별로 없다. 아파트나 타운 하우스는 열 집에 하나만 한국 사람이 살아도 한인 타운이라고 할 정도였다. 그만큼 한인 인구 밀도가 적었다.

개척한 후 교인 수가 30명쯤 되었다. 주관적 생각으로는 한국의 100명 정도와 맞먹을 것 같다. 아무리 그래도 30명은 많은 수가 아니다. 그런데도 그들이 얼마나 많은 문제를 일으키는지, 아무 일도 할 수가 없었다. 목회만 하는 것이 아니라 공부도 해야 하는데 말이다. 대개는 가정 문제로 국제결혼한 사람, 이혼 또는 재혼한 사람, 그냥 같이 사는 사람, 외로운 사람 등 여러 부류의 문제였다.

전화로 오랜 시간 하소연하는 것을 듣거나 직접 가서 만나기도 했는데, 외롭다 보니 일단 가면 놔 주지를 않았다. 그중에 거의 매일 전화하는 가정이 있었는데, 죽도록 싸우는 부부였다. 결혼한 지 몇 달 되지 않았는데, 싸움을 시작하면 다 때려 부수는 타입이었다. 그러니 전화로

와서 말려 달라고 하면 안 갈 수가 없었다. 한 시간 거리를 달려가서 상담하고 돌아오면 자정이 넘어 있었다. 그러다 보니 전화벨 소리가 무서워졌다. 결국 하나님께 부르짖었다.

"하나님, 신경쇠약에 걸리겠습니다. 30명도 이런데, 더 많아지면 어떻게 감당하겠습니까!"

그러자 마음에 들리는 음성이 있었다.

'네 힘으로는 한 명 돌보기도 힘들다. 목회는 내가 하는 것이다.'

나는 큰 소리로 외쳤다.

"옳습니다. 저는 일과 시간에만 일하겠습니다. 일과 시간에는 제대로 일하도록 도와주시고, 일과 시간 후에는 전적으로 하나님이 맡아서 해 주시기 바랍니다."

당시에는 미국 교회를 빌려서 2시에 예배를 드렸기에, 5시쯤 되면 정리한 후 교회 문을 잠그고 나올 수 있었다. 어느 주일엔가 차에 앉아서 집으로 향하는데 아내가 말했다.

"여보, ○○○ 집사가 오늘…."

나는 아내의 말을 중단시켰다.

"그만 해요. 오늘 일과는 끝났어요. 그 이야기는 내일 낮에 하고, 이제는 우리 이야기를 합시다."

아내는 어리둥절해서 입을 다물었다. 그러더니 몇 분 후에 다시 말을 꺼냈다.

"그런데 그 집사가…."

"죽고 살 정도의 긴급한 일이 아니면 일과 시간에 이야기합시다. 예배 인도하고 설교하고 교인들 돌보느라 진이 다 빠졌거든."

그러면서 속으로 기도했다.

'하나님, 맡아 주세요. 우리가 걱정한다고 뭐가 달라지겠어요?'

집에 와서는 밤 9시가 되면 전화 코드를 뽑았다. 그리고 기도했다.

"하나님, 저희는 잘 테니까 전능하고 자비로운 손길로 당신의 양들, 저희 교인들을 돌봐 주세요."

그러고 나니 마음이 평안해졌다. 참으로 오랜만에 참 평안을 가지고 잠을 잘 잘 수 있었다. 아내도 마찬가지였다고 한다.

신기한 것은 그다음의 일이다. 그때부터 문제가 사라졌다. 만약 하나님이 돌보시지 않았더라면 어찌 되었을까? 문제 있는 이들이 전화를 하다가 안 되니 불평하고, 교회에 안 나오고 해야 한다. 그렇게 만들어진 존재이니 말이다. 그리고 교회는 엉망이 되어야 한다. 그러나 이상하게도 문제가 가라앉았다. 어찌 된 영문인지, 부부 싸움한다는 말이 없어졌다. 그 대신 임신했다며 축복해 달라고 했다.

여기서 목회는 무슨 힘으로 해야 하는지를 이해하기 시작했다. 목회는 목사가 하는 것이 아니다. 내가 문제 해결을 위해 나선다고 무엇을 제대로 하겠는가. 내 문제도 제대로 해결하지 못하는데 말이다. 나는 하나님의 심부름꾼일 뿐이요, 진짜 목회는 하나님이 하신다. 그분이 한두 사람, 한두 가정뿐 아니라 전 교인의 문제를 일일이 맡아서 해결해 주신다. 하나님은 전능의 신이시기에 그렇다.

"너희 염려를 다 주께 맡기라 이는 그가 너희를 돌보심이라"(벧전 5:7).

삶 전체가 문제를 하나님께 맡기는 훈련이라 할 수 있다.

# 박사 학위와 가짜 소망

인생은 소망으로 산다. 미래가 지금보다 좋으리라고 기대하기에 오늘의 고통을 참아 낼 수 있는 것이다. 하지만 미래가 더욱 비참해지리라고 믿으면 이야기는 달라진다. 아마도 그래서 자살하는 이들이 있는 모양이다.

　박사 과정에서 갖는 목표는 분명하다. 학위를 받는 것이다. 인생이 거기서 끝나는 것처럼 그 이상은 생각도 하지 않는다. 목표에 점점 가까워지면 모든 고통을 참아 낼 수 있다. 하지만 그 목표에 도달할 가능성이 점점 희박해지면 포기해 버리고 만다. 그러한 과정에 있는 사람은 얼마나 삶이 괴롭겠는가!

　다행히 과정이 힘들기는 해도 작은 목표들이 하나씩 이루어졌다. 우선 C는 받지 않았다. 그럭저럭 코스워크(coursework) 2년이 지나갔다. 독일어, 프랑스어 시험도 모두 턱걸이였지만 통과했다. 이제 논문 쓰는 자격을 위한 종합 고사만 남았다. 두 번 떨어지면 끝인데, 한 번에 통과했다. 다음은 논문의 개요를 내야 했다. 얼마나 까다로운지, 계속 퇴짜를 맞다가 겨우 통과되었다. 이렇게 한 단계, 한 단계를 전투병들이 고지를 하나씩 점령해 가는 것처럼 올라갔다. 개요가 통과된 다음에는 내용을 한 장씩 써 나가야 했다. 하루에 세 장을 쓰면 잘 쓰는 과정이었다.

그렇게 다시 한두 해가 지났다. 논문을 써 내면 비판을 잔뜩 붙여서 고쳐 오라고 했다. 당시에는 아직 컴퓨터가 나오지 않았기에 타자기로 내용을 쳐야 했다. 고치느라 몇 주, 타자로 치느라 몇 주, 하염없이 시간이 흘러갔다. 그렇게 세월이 가는지, 내 나이가 몇인지도 모르는 상태로 지내기를 몇 년, 드디어 지도 교수가 오케이를 불렀다. 교수들 앞에서 논문을 발표하고 질문을 받았다. 시간이 얼마나 흘렀는지 모르겠다. 모든 질문에 답변한 후 밖에서 결과를 기다렸다.

나의 논문에 대한 교수들의 투표가 진행되었다. 밖에서 얼마나 마음을 졸이며 앉아 있었는지! 한참 뒤에야 들어오라고 했다. 만약에 "미안합니다"로 시작되는 말이 나오면 떨어진 것이었다. 그런데 교수들이 몰려오더니 지도 교수가 손을 내밀며 말했다.

"축하합니다, 김 박사님!"

이 한마디를 듣기 위해 평생 같은 몇 년을 보냈다. 다리에 맥이 풀렸다. 쓰러지지 않으려고 버티면서 겨우 대답했다.

"감사합니다. 감사합니다."

그러고는 어떻게 왔는지 모르게 정신없이 집으로 돌아와 침대에 누웠다. 모든 것이 귀찮았다. 기쁨이 넘쳐야 하는데 이상했다. 그저 담담했다.

'저 목표에만 이르면 다 된다.'

전에는 이것이 모든 고통을 이기는 힘이었다. 그러나 그 모든 목표가 사라져 버렸다. 그러면서 걱정이 나를 지배하기 시작했다.

'내가 선생이 되려고 이 공부를 했던가? 나는 이제 어디로 가야 하지?'

아무 의욕도 없고, 힘도 없었다. 하루 종일 침대에 무기력하게 누워 있었다. 도대체 내 소망이 다 어디로 갔단 말인가? 그제야 깨달았다. 그때까지 소망으로 알았던 것은 다 연기와 같았다는 것을 말이다. 가까이 가서 보니 아무것도 없었다.

'그렇다면 나는 무엇으로 살아야 하는가?'

그때 분명한 깨달음이 왔다. 오직 하나님만이 변하지 않는 소망 그 자체였다. 다른 것은 소망처럼 보일 뿐, 속이는 것들이었다. 하나님을 목표로 하고 하나님의 일을 해야만 제대로 된 삶이 나온다는 것을 깨달았다.

# 목사들의 목사

하나님 안에 우리가 바라는 모든 것이 들어 있다. 다른 소망들은 잠시 눈앞에 있다가 사라진다. 그것들은 하나님의 그림자일 뿐, 하나님 한 분만이 참 소망이다. 영원한 생명, 죄 사함, 권능, 풍요로움, 아름다운 꿈, 하나님 수준의 아가페 사랑이 우리에게 필요한 모든 것이다. 그러기에 예수께서 말씀하셨다.

"너희들이 그렇게 찾는 길, 진리, 생명 그리고 모든 좋은 것은 내 안에 있다. 내게서 나온다. 그러니 내가 곧 길이요, 진리요, 생명이다. 나를 가져라. 그리고 네가 원하는 것들을 나에게 찾아라. 변하지 않는 사랑, 건강, 능력 등을 다른 데서 찾지 말고, 나를 가지고 내게서 받아라."

박사 학위를 가지고 한국으로 돌아왔다. 즉시 신분이 상승되었다. 전에는 가난한 학생이었지만, 이제는 교수요, 월급도 높았다. 전에는 아무도 알아주지 않았지만, 이제는 모두가 알아주면서 "박사님, 박사님" 하고 불렀다. 물론 학위증만 있는 것은 아니었다. 세상에서도 잘나갈 수 있도록 실력 또한 갖추었다. 어디서든지 당당하게 나설 수 있게 되었다.

그러다 보니 이제는 하나님이 없어도 사는 데 전혀 지장이 없게 되었다. 강의하고 논문 쓰고 교수 노릇 하는 데 무슨 하나님이 필요한가. 기도하지 않아도 사는 데 문제가 없었다. 하지만 계속 그러면 세상 사람들과 무슨 차이가 있겠는가? 아무런 차이가 없다. 사람에게 필요한 것은 이런 외형적인 것만이 아니라는 것을 기억해야 한다. 하나님 없는 세상의 실력, 인기, 돈과 같은 것들은 그대로 죄의 도구가 될 수 있다. 많을수록 더 교만해지면서 영적 능력은 고갈된다.

이런 식으로 살면 신자라도 세상 사람과 같다. 아무리 훌륭한 일을 해도 육신적일 뿐, 영적이면서 초월적인 가치는 없다. 그런데 신자 중에 그렇게 사는 사람이 꽤 많다. 세상 사람들과 아무런 차이가 없다.

신학의 경우도 다르지 않다. 같은 신학 강의를 해도 순전히 학문만 가지고 말한다면 아무런 영적 깨달음을 줄 수 없다. 이름만 신학이지 세상 학문이다. 심지어 성경도 얼마든지 세상 방법으로 읽고 말할 수 있다. 그런 학자들이 상당수 있다. 하지만 하나님을 모시고 신학을 한다면 하나님을 찾고 얻는 데 모든 힘을 모아야 한다. 같은 내용을 말해도 하나님의 영이 함께 움직인다면 영적 강의가 된다. 우리 힘으로는 대제국을 세워도 다 사라지고 말 것이다. 하지만 하나님을 의지한다면 영원한 가치를 갖게 된다. 버릴 것이 하나도 없다.

이 같은 고민과 생각 끝에 내가 해야 할 일이 보이기 시작했다. 신학도 하나님을 의지해야 제대로 된다. 안 그러면 선생 중 하나일 뿐, 목사는 아니다. 그러면 이제 무엇을 해야 할까?

'목사들의 목사가 되자.'

이것이 부임하면서 다짐했던 자세다. 그 이후로 지금까지 이 마음은 변함이 없다.

하루도 쉬지 않고 한국 교회 전체를 위해 기도했다. 목사들을 가르치기 위해 하나님이 특별한 영감을 주시기를 날마다 기도했다. 그리고 교회를 위한 학문을 연구하기 시작했다. 처음에는 전공한 대로 교회사에 관한 글을 쓰고 책을 냈다. 그러다 차츰 목회를 연구하게 되었고, 나중에는 아예 풀러신학교에 가서 설교학을 공부하게 되었다. 그러고 나서 설교와 목회에 관한 글과 책을 집필하게 되었다.

그러나 여전히 목사로서의 경험이 필요했다. 학교에서는 교수로, 교회에서는 평신도로 있었기에 목사들의 입장을 참으로 이해할 수가 없었다. 평신도 노릇은 예수 믿은 후에 많이 했다. 하지만 목사의 경험은 별로 많지 않았다. 교수로 있으면서도 목회를 경험해야겠다는 생각은 계속 남아 있었다. 그래도 한 가지만은 집중할 수 있었다. 신앙의 복음적인 이해와 적용이었다.

복음은 그리스도께서 우리를 위해 해 주신 일과 그로 인해서 바뀐 우리의 정체 그리고 거기로부터 나오는 능력과 꿈을 준다. 복음은 그 높이와 깊이와 범위가 하나님만큼이나 엄청나서 평생을 연구하며 삶에 적용해야 한다. 우리의 삶은 복음의 내용을 찾아 적용하여 자신을 만드는 과정이다. 이 일을 돕는 목사로서 복음을 연구하고 적용하며 전하기로 한 것이다. 이 과정은 참으로 보배롭고도 즐거운 것이었다.

# 교회 갈등

1995년에 교회당은 포화 상태가 되었다. 100명이 들어가면 꽉 차는 본당이었다. 출석 인원이 250명가량 되자 3부 예배로도 감당하기 어려웠다. 성가대 연습도 그렇지만, 각 부서 모임은커녕 주일학교를 위한 공간도 없었다. 부티크 사무실마다 들어가 불고염치하고 모임을 진행할 수밖에 없었다. 처음에는 괜찮았는데, 인원이 점점 늘어나면서 장소를 어질러 놓거나 물건을 망가뜨리다 보니 견디기가 어려웠다. 그러면서 좁다는 말이 여기저기서 나왔다.

그러던 어느 날, 건물주인 권사님이 만나자고 하셨다. 왜 건축 준비를 안 하느냐는 것이었다. 당시에는 이름만 담임이었지, 대부분의 시간은 학교 일에 사용되고 있었다. 주일 설교와 수요 예배 그리고 새벽기도는 금요일에 한 번, 그것도 7시에 모여서 기도회를 한 후 함께 아침을 나누어 먹고 일하러 가는 식이었다. 그러나 건축까지 하면 규모가 달라진다. 그때에도 교수로 일하면서 담임 목회를 하는 것이 쉬운일은 아니다. 학교로 돌아가든지, 아니면 목회만 하든지 선택해야 할일이었다.

바로 기도원으로 가서 일주일간 금식 기도를 시작했다. 마음에서 얻은 결론은 일단 진행하자는 것이었다. 역사를 뒤로 돌릴 수는 없었다. 자리가 비좁다고 교인들을 그만 오라고 할 수는 없었다. 건축한 후에 다시 하나님께 여쭈어 학교든 교회든 하나를 그만두면 될 일이었다. 기도원에서 돌아와 당회에 말하고 건축위원회를 구성했다. 그러면서 건축위원장과 건축 헌금 작정일도 정했다.

그러나 그 이후가 문제였다. 건축해야 한다는 것은 당위성이었지만 디자이너 그룹에서는 반대 기류가 형성되고 있었다. 그렇다면 이 안건은 다시 당회로 올려져 토의되어야 했다. 그러나 아무도 담임목사에게 그런 상황을 말하지 않았다. 생각해 보면 언제나 이런 식이다. 뒤에서는 반대하고, 앞에서는 아무 말도 하지 않는다. 알아서 하라는 것이다. 그리고 모든 책임은 담임목사에게 돌아간다.

결국에는 건축 헌금 작정일이 다가왔다. 디자이너들은 따로 한곳에 모여서 절대로 따르지 말 것을 작정했다고 한다. 그런데도 작정 액수는 11억 원이었다. 디자이너들이 빠진 가운데서도 그만큼 작정했다는 것은 건축의 필요성이 절실했다는 사실이다. 주전 멤버인 디자이너들에 대한 민간인(?)들의 정서가 반영된 것이었다.

그러나 그 이후 건축은 진행되지 않았다. 진행될 수가 없었다. 교회는 어느새 갈등 모드로 바뀌었다. 대부분의 교회가 경험하는 상황이 시작되었다. 당회에서나 개인적으로는 아무 말이 없었지만, 뒤에서는 비판이 거세어 갔다. 이상한 말도 들려왔다. 너무 속이 상해 모두에게 그렇지 않다고 말하고 싶었다. 그러나 그런다고 내 입장이 잘 전달될리 없었다. 그렇다고 교회를 버리고 학교로 돌아가는 것은 너무 무책임한 행동이었다. 뭐라도 정리해 놓고 그만두어야 하지 않겠는가.

당시 안산광림교회를 담임하던 목사님께 자문을 구했다. 그때 들은 충고가 평생 목회의 좌우명이 되었다.

"교회를 먼저 생각하세요. 내 입장은 그다음입니다. 아무리 내가 억울해도 교회에 유익한 길을 선택하세요. 그러면 하나님이 나를 책임지십니다."

그분도 다른 식으로 그런 경험을 했지만 그렇게 극복했다고 했다. 그렇다. 목회자는 하나님의 교회를 위한 '종'일 뿐이다. '종님'이 되어 자기부터 입장이 서고 대접받으려 하면 주의 교회가 아니라 개인의 사업체가 되는 것이다.

교인들이 찾아와 나를 격려하면서 상대방을 비난했다. 정말로 내 입장을 살려 주었다. 그러면서 구체적인 해결 방안을 제시했다. 한 판 붙자, 조직을 만들자, 자신이 총대를 메겠다, 법대로 하자는 등 일반 교회에서 많이 볼 수 있는, 그러나 있어서는 안 될 일들을 하겠다고 했다. 이것이 과연 교회를 위하는 일인가? 하나님이 잘한다고 승인하실까? 그 결과는 눈에 보듯 뻔했다. 주위에서 종종 만나는 부끄러운 일이었다.

교회에 각종 유인물이 떠돌고, 싸우고, 멱살 잡는 일이 일어난다. 대부분의 교인은 떠나고 싸움꾼들만 남아 모든 저질스러운 일을 시행한다. 그렇게 되면 이미 교회로서의 기능은 끝난다. 그 한가운데는 언제나 목사가 있다. 좀 억울하면 어떻고, 손해 보면 어떤가! 먼저 생각할 대상은 내가 아니라 교회였다. 비난이 거세지고 상황이 나빠질수록 더욱 그러했다. 죽을 상황이지만 절대로 축복만 해야 했다.

　목회자는 교회를 섬기기 위하여 보내졌다. 부임하는 방법은 여러 가지지만, 하나님이 파견하신 것이다. 그러므로 보내신 분의 뜻대로 교회가 잘되어야 한다. 물론 목회자 자신도 잘되어야 모두에게 모범이 된다. 그러나 목회자가 잘되는 길은 우선 주의 몸인 교회가 잘되는 것이다. 교회의 유익을 자신의 유익으로 삼을 때 교회도, 목회자도 잘된다. 하나님이 살아 계셔서 세상을 구체적으로 통치하신다고 믿으면 그렇게 할 수 있다. 정말로 하나님은 그런 분이었음을 목회를 통해서 경험했다.

# 교회 분립

교회의 갈등은 계속되었다. 언제 끝날지를 알면 참고 지낼 수 있지만, 전혀 끝이 보이지 않았다. 그러다 보니 설교하기가 너무 힘들었다. 나를 반대하고 거부하는 사람들 앞에서 설교하기란 보통 힘든 일이 아니다. 무슨 내용이건 자신들을 비판하는 말이라고 생각하고 듣는다. '사랑하라', '이해하라', '원수도 축복하라'는 하나님의 명령에는 아무런 관심이 없다. 아예 처음부터 거부하는 표정이다.

그런데도 계속 그런 설교를 했다. 그뿐 아니라 내 입장을 변호하기도 하고, 반대파에게 돌아서라고 설득하기도 했다. 하지만 얼마 못 가 아니라는 것을 깨달았다. 설교는 자기 입장을 변호하거나 상대방에게 들으라고 하는 것이 아니다. 하나님의 복음을 선포하는 일이다. 설교자는 절대 중립의 위치에서 객관적으로 복음을 말해야 한다. 그러면 반대파나 나를 싫어하는 사람도 그 사실은 인정하게 된다.

그래도 형식적으로나마 건축 헌금 작정을 위한 시간을 가졌다. 민간인들이 모여서 11억 원을 작정했고, 디자이너는 한 사람만 참여했다. 나중에 보고를 들으니 디자이너들이 다 모인 가운데 고참들이 이런 선언을 했다고 한다. 건축 헌금을 작정하는 사람은 의를 끊겠다고 말이다. 디자이너들은 선후배 관계가 무섭도록 철저하다. 디자이너 남편인 건축위원장부터 이러니 누가 작정을 하겠는가! 이 이야기를 듣고도 계속할 수가 없어 하나님 앞에 나가 심각한 기도를 드렸다.

"저에게 교회를 맡겨 주셨지만 능력이 안 됩니다. 그래도 보내 주셨으니 인사는 해야 할 것 같아 말씀드립니다. 제가 계속하기를 원하시면 한 달의 시간을 드릴 테니 그 안에 제게 사인을 주시기 바랍니다. 한 달 후까지 아무 소식이 없으면 사임하고 학교로 돌아가겠습니다."

이 말은 목회를 접겠다는 것이요, 실패를 의미했다. 교회를 개척한 지 5년도 안 된 시점이었다. 사실상 마음을 접었다. 이미 마음은 교회에서 떠나 넓은 세상을 날고 있었다. 미국에 가서 좀 더 공부하고 싶었다. 한 달 뒤에는 내 생일도 있었다. 그런데 바로 그 한 달째 되는 주일 예배 때였다. 건축 반대의 리더요, 담임목사 비판에 앞장섰던 장로가 현금으로 3억 원을 건축 헌금으로 낸 것이다! 솔직히 전혀 기쁘지 않았다.

'아니, 왜 또 이러시나! 이것이 하나님의 사인인가?'

나중에 보고를 듣고는 대단히 무서웠다. 마치 하나님이 건축을 반대해 모였던 사람들에게 벌 주시는 것 같은 일들이 벌어진 것이다. 사고도 많이 나고, 어느 집은 불이 나서 전소되었다. 마지막에는 삼풍백화점도 내려앉았다. 교회 개척을 반대했던 부티크들만 함께 무서운 일을 당했다. 나도 두려웠다. 불순종한다면 어떤 일을 겪게 될지 알 수 없었다.

"하나님, 제 마음은 이미 떠났습니다. 그러나 하나님께서 이렇게 모두가 보도록 사인을 주시니 순종하지 않을 수 없군요. 잘 해낼 수 있도록 힘을 주세요."

우선 급한 것은 마음을 새롭게 추스르는 것이었다. 하나님이 이처럼 구체적이고 정확하시다는 사실에 감사하면서도 두려움에 사로잡혔다. 그 이후에도 여러 번 경험했지만, 하나님은 너무나 실제적이면서도 개인적이셨다. 내가 하나님을 향해서 하는 대로 그분은 더욱더 세밀하고 강하게 당신을 경험하게 해 주셨다.

그러나 디자이너들의 정서는 다른 교인들과 달랐다. 그들은 일하다가 언제든지 와서 기도할 수 있는, 자신들의 일터 한가운데 있는 채플을 사랑했다. 그 아담하고 깔끔한 본당을 사랑해, 거기에 마음을 고정시키고 있었다. 하얀 이탈리아산 대리석이 깔린 탁월한 디자인의 아름다운 교회를 떠나 어디로 간단 말인가! 물론 교회에 이질적인 사람이 많아지는 것도 좋아하지 않았다. 잠시 가라앉았지만, 갈등은 여전히 내재되어 있었다.

건축을 어찌해야 할까? 이미 교회는 다음 단계를 향하고 있었다. 시작한 사람보다 나중에 온 사람이 여러 배로 많았다. 갈등 모드에 있을 때 교회는 성장이 정지된다. 또한 불미스러운 일들이 나타나기 시작하면 사람들이 출석을 중단한다. 분위기도, 소문도 다 나빠진다. 이때 교회에 유익한 일은 무엇일까? 건축을 일단 중지하고 화합을 위해 노력했다. 너무 힘들었지만, 내색하지 않고 묵묵히 할 일만 하려고 했다.

당시 장로가 두 분으로 사촌 형제간이었는데 당회를 아예 모이지 않왔다. 임시 목사는 3년마다 청빙을 반복해야 했기에 청빙은 저절로 무효가 되고, 나는 무임 목사가 되었다. 이제는 공식적으로 교회를 사임해야 했다. 그러나 담임목사의 사임은 은혜롭게 되어야지, 이런 식으로 하면 교회는 더 큰 분란에 들어갈 것이 뻔했다. 이때 하나님께서 다시 간섭하셨다. 구체적으로 말할 수는 없지만, 모두의 마음을 겸손하게 만드셨다. 결국은 교회를 분립하는 것으로 결론을 내었다.

노회에 청원하여 허락을 받은 후에 분립을 이루었다. 청담동에서 4킬로미터 정도 떨어진 대치동 근린 시설 건물 2층에 자매 교회를 시작했다. 1999년 2월부터 5월까지 교회 예산으로 리모델링한 후에 모두 함께 새 장소에서 예배하고 다음 주에 두 교회로 나뉘었다. 교회는 각자 선택하게 했다. 건축 헌금도 나누었다. 총회에서 모범적인 분립이라 칭찬해 주어 노회 석상에서 박수를 받았다. 모두 교회를 먼저 생각하고 행동한 결과였다. 갈등을 잘 참아 넘겼기에 교회는 순조롭게 성장하게 되었다.

# 대치 아름다운교회

대치동 시절이 시작되었다. 청담동과 구분하기 위해 대치 아름다운교회로 이름을 정했다. 몇 년 뒤인 2005년에 분당으로 옮긴 후에는 분당 아름다운교회로 바뀌게 되는데, 돌이켜 보면 분당으로 가기 전 단계였던 것 같다. 기간도 6년밖에 되지 않았다. 하지만 대치동에서 참으로 귀한 교우들을 얻었다. 지금도 충성스럽게 헌신하고 있는 정말 아름다운 교인들이다. 물론 청담동에서부터 나오는 교우들도 있다. 이들 모두가 현 아름다운교회의 뿌리다. 교회가 분당으로 이전하면서 교회 근방으로 이사 온 교우도 상당수다.

대치동 리모델링을 마치니 1999년 5월이었다. 20억 원을 들여 매입한 대치3동 뒷골목에 있는 근린 시설이었다. 대치동은 전체가 아파트 지역이었다. 교회가 있을 만한 곳은 대치3동뿐이었다. 이 지역은 아파트 대신 연립 주택으로 이루어져 있는데, 교회동이라고 할 만큼 교회가 많았다. 대충 세어 보아도 주위에 10여 곳이 넘었다. 건물을 가진 교회도 몇 군데 있었다. 우리는 후발 주자로 오래된 동네에 들어선 것이다. 그래도 우리만의 건물이 생겨서 얼마나 기뻤는지 모른다.

가게 간판들이 건물에 많이 붙어서 한동안 우리도 세 든 교회처럼 보였다. 그런 식으로 상당 기간이 지나야 했고, 입주자들을 내보내는 일도 간단하지 않았다. 이후 2층에 본당을 꾸민 후에 친구 목사들을 초대해서 보여 주었는데, 나이 50이 넘어 교회를 다시 시작하는 친구를 불쌍한 눈으로 보는 것이 역력했다.

"이 친구, 잘 나가던 일을 그만두고 제대로 할 수 있을까? 너무 무모한 것이 아닐까? 교수처럼 강의나 하려고 할 텐데…."

서로들 이렇게 이야기했다는 것이다. 큰 교회에서 목회하는 이들이었기에 우리 교회가 많이 허약하고 초라해 보였을지도 모른다. 그래도 우리 소유의 건물이었다. 인테리어를 하던 집사님이 벽에 구멍 뚫는 인부에게 집주인한테 혼나지 않겠느냐고 했다가 다시 큰 소리로 말했다.

"아, 이거 우리 건물인데 괜히 걱정하고 있구나!"

대지 150평, 건물 75평으로 5층이었다. 청담동에서 받은 돈과 은행에서 대출받은 돈, 우리가 모은 건축 헌금과 세 든 사람들의 전세 비용 그리고 아직 5층에 사는 전 집주인의 전세금을 다 합쳤다. 1층에는 음식점이 두 개였다. 지하에는 노래방과 호프집과 당구장, 3층에는 사업체, 4층에는 독서실이 있었다. 우리가 쓸 수 있는 구역은 2층과 1층의 일부였다. 세 든 사람들을 권리금과 위로금을 주면서 내보내기까지 상당 시간이 걸렸다. 2층에 있던 교회도 권리금을 달라고 해서 주었는데, 교회가 교회를 내보는 일은 참으로 고통스러웠다.

건물을 갖고 나니 모든 것이 돈이었다. 세금 내고, 고치고, 또 고치고의 연속이었다. 고장 났다, 수리해야 한다는 보고가 두려웠다. 그래도 인테리어를 맡은 집사님이 자신의 전공을 잘 살려서 정말 아름다운 본당을 만들었다. 의자도 청담동 것을 그대로 본떠서 주문했다. 아늑하면서도 세련미가 넘쳤다. 하지만 가운데 있는 두 개의 기둥은 어쩔 수 없었다. 기둥을 가운데 두고 양쪽으로 의자들을 배치했다. 좌석에서 강대를 보는 데는 지장이 없었다. 본당은 60평 정도로, 꽉 채우면 200명이 앉을 정도의 규모였다.

지하에는 식당을 꾸미고 3, 4층에는 교육관을 두었다. 어느새 3부 예배까지 하게 되었다. 주차장은 본당 앞에 여섯 대 정도 댈 수 있었는데, 주위가 온통 음식점이요, 사무실이었기에 주차 공간이 부족했다. 그러다 보니 주차는 늘 전쟁이었다. 교회는 골목에 들어가 있어, 보이지 않고, 찾기도 쉽지 않았다. 건물이 생겼다고 기뻐했지만, 금세 불편함으로 마음이 항상 답답했다. 교인들은 수백 미터 떨어진 골목에 주차하고 한참을 걸어야 예배당에 올 수 있었다. 하지만 대치동은 이런저런 불편함이 많았어도 교회의 토대를 세우는 소중한 시기였다.

세상에서의 삶은 어느 것도 고정된 것이 없다. 계속 흘러가고 변한다. 우리의 삶 전체가 그렇다. 한평생 살면서 여기저기로 이동한다. 우리 자신도 변한다. 비록 한 군데에서 수십 년 또는 백 년 이상을 보낸다 해도 내용상으로는 그대로 있는 것이 아무것도 없다. 하지만 변하지 않는 하나님께 뿌리를 내리고 있다면, 겉으로는 아무리 변하고 흔들린다 해도 영원의 눈으로 보면 하나님의 복된 자녀로 성장하고 있을 뿐이다. 그저 엎치락뒤치락하면서 시행착오와 앞에 뭐가 있는지도 모르고 달려가는 목회에도 하나님은 도움을 주고 계셨다.

# 목회 방법 배우기

대치동은 앞선 청담동 때와는 근본적으로 달랐다. 그때는 교수가 본업이었다. 물론 두 직업 다 교회를 위해 일한다고 할 수 있다. 학교는 목회자를 길러 내는 간접 목회이니 말이다. 그러나 목회는 본격적이지 않았다. 주일과 수요일에 설교를 했지만, 교회에 계속 있지도 않고 계속 일하지도 않았다. 그러기에 사례비도 차비 정도였다. 오히려 제대로 된 사례비와 주택을 받는 이는 부목사였다. 담임목사지만 실제 목회는 부목사가 했다.

어느 날 목회학 박사 과정에 있는 목사들이 강의를 듣다가 말했다. 목회나 일선 목사들의 고통에 대해 알고 강의하느냐는 것이었다. 청담동 아름다운교회의 담임목사라고 했더니 그게 목회냐고, 새벽 기도도, 심방도 다 안 하면서 대접만 받는다고, 그러니 자기들과는 다른 부류의 목사요, 특수 목회이기 때문에 강의하는 내용이 마음에 와닿지 않는다고 했다.

이 말을 들으니 강의할 마음이 일어나지 않았다. 어떻게 해야 할지 계속 고민이 되었다. 결국 풀타임 목회를 위해서 학교에 사표를 냈다.

나이 50이 넘어 전임 목회를 위해 다시 개척을 시작한 것이다. 미국에서 공부하면서 한 번 했었고, 청담동 아름다운교회 역시 개척이었다. 이제 다시 대치동에서 세 번째 개척을 하는 셈이다. 형식은 청담동 교회에서의 분립이었기에 창립 기념일은 아직도 그때 시작한 날이다. 하지만 정말 본격적인 전임 목회의 시작이었다.

우선 새벽 기도가 너무 고통스러웠다. 매일 4시 30분에 일어나는 것이 훈련이 안 된 사람에게는 보통 부담이 아니다. 새벽에 일어나려면 그만큼 일찍 자야 한다. 그러니 저녁에는 어떤 모임을 하기가 어려웠다. 동창회건 친목 모임이건 모두 중단이었다. 또 10시면 자야 하는데 항상 11시가 넘어야 잘 수 있었다. 그러니 늘 잠이 부족한 상태로 심방을 했다. 좀 먼 곳을 가려면 졸음운전과 싸워야 했다. 고난의 삶이었다.

그것보다 더 힘든 것은 교회 운영 방법을 모른다는 사실이었다. 설교나 가르치는 것은 어느 정도 할 수 있었다. 하지만 그 외의 것은 백지상태였다. 신학교에서도 배운 것이 없었다. 교육이건, 상담이건, 심방이건, 회의 진행이건, 행정이건, 기도회를 비롯한 각종 집회건, 모두 훈련이 안 되어 있었다. 담임목사로서 지휘하기보다는 부목사에게 물어봐야 했다.

그래서 어떤 형태든 세미나나 강의가 있으면 무조건 참석했다. 배우려는 일념으로 한국에서 열리는 세미나나 훈련은 하나도 빠지지 않고 참석했던 것 같다. 여러 날을 합숙하기도 했다. 그때 배운 셀 모임은 지금까지 하고 있다. 전통적으로는 구역 모임이다.

그렇게 몇 해를 따라다니면서 깨달은 것이 있다. 모든 방법이 다 홀

룡했다. 어느 것이건 하나만 적용해도 될 것 같았다. 그러나 방법은 어디까지나 방법일 뿐, 원리는 아니었다. 방법은 음식을 담는 그릇과 같다. 그릇 자체가 보기는 좋지만 배부르게 하고 건강하게 하지는 못한다. 여러 방법이 훌륭해도 그것을 운영할 힘이 없다면 음식 없는 그릇일 뿐이다.

교회가 크고 강하면 무엇을 적용해도 잘되고, 좀 미숙해도 문제가 없다. 재정이나 인력이 뒷받침되기 때문이다. 하지만 개척 단계에서는 방법 자체가 교회를 강하게 하지는 못한다. 그런데 많은 교회가 방법을 배워서 실력을 쌓으려고 한다. 그러면 안 된다. 그 반대로 해야 한다. 먼저는 실력이고, 방법은 나중이다. 실력이 있으면 방법이 약해도 괜찮다. 이처럼 외형적 방법을 의지하려는 것이 잘못되었다는 사실을 깨달았다.

우리는 먼저 하나님께 매달려야 한다. 사실 하나님께 매달리는 것이 바른 순서라는 것을 목회자라면 다 안다. 그러나 너무 막연하다고 생각한다. 단번에 건물이 있고 여러 좋은 방법을 사용하면 즉시로 교회가 되리라고 생각한다. 건물도, 돈도, 교인도 없는데 방법을 사용할 수 있을까? 방법은 건물과 돈이 준비된 다음에 사용하는 것이다. 또한 잘된다고 방법만 열심히 따라가면 어떻게 될까? 그것은 교회가 아니다.

방법보다 하나님을 의지하고 목회해야 한다. 실력이 있다고 방법만 의지한다면 그건 회사지, 교회가 아니다. 교회는 아무것이 없어도 하나님의 힘으로 일어나야 한다. 하나님의 힘은 외형만이 아니다. 외형은 나중에 나타난다. 다윗은 하나님의 힘으로 일어나 나라를 세웠다.

그러나 많은 목회자가 나라가 세워진 뒤에 거기에 가서 왕이 되려고 한다. 순서가 바뀐 것이다. 먼저 왕이 된 뒤에야 나라가 나타난다. 마찬가지로 우리가 제대로 된 목사가 되어야 교회가 나타난다. 이것이 성경의 방법이다.

결국에는 구역 운영 하나에만 집중하기로 했다. 셀 모임이다. 여기서 말하려는 것은 방법보다 원리에 집중하자는 것이다. 그리고 하나님께 전적으로 의지하며 매 순간 하나님의 도움을 구했다. 그러면서 교인이 몇 명이든 간에 복음을 설명해 주고 그 힘으로 살도록 가르쳤다. 복음적 설교와 성경 공부는 하나님의 인도와 도움으로 살기를 가르친다.

우리는 하나님께 무엇을 많이 한 대가로 복을 받는 것이 아니다. 하나님이 이미 주신 복을 잘 사용해서 건강하고 능력 있게 아름다운 삶을 살면 된다. 하나님은 복 자체요, 복의 근원으로 이미 우리 안에 계신다. 목회자가 할 일은, 그 복을 자신에게 적용해서 자신부터 행복하게 하는 것이다. 그러면 교회도 함께 행복하게 된다. 교회가 일어나면 목회자도 행복해지는 것이 아니라 반대다. 목회자가 행복해야 교회도 행복해진다.

# 복음 목회

많은 목회자가 힘들다고 말한다. '피곤하다, 일이 많다, 괴롭히는 교인이 있다, 경제적으로 어렵다.' 하나님의 종이 그래서야 되겠는가! 하지만 나도 마찬가지였다. 어느새 보면 불평하고, 짜증 내고, 괴로워하고 있다. 이 자세가 목회는 물론이고 삶 자체를 고통이 되게 한다.

"아담 안에서 모든 사람이 죽은 것같이"(고전 15:22).

가만있으면 어느새 아담이다. 이것은 자동적으로 그리 된다. 그러면 육신적인 삶이 진행된다. 하지만 그러면서도 설교한다. 피곤한 채로 새벽 기도도 가고, 철야 예배도 인도한다. 부인과 싸우고도 심방 가서 축복한다.

"이것이 인생인 것을 어찌하랴!"

목회자가 이렇게 말한다면 일반 신자들과 다른 점이 무엇이겠는가! 인간적인 힘만으로는 신자라도 삶이 수고하고 무거운 짐이다. 이런 우리에게 예수께서 말씀하신다.

"수고하고 무거운 짐 진 자들아 다 내게로 오라 내가 너희를 쉬게 하리라"(마 11:28).

다른 말로 하면 이렇다.

"그리스도 안에서 모든 사람이 삶을 얻으리라"(고전 15:22b 참조).

생명은 그리스도에게만 있다.

세미나 강사는 항상 큰 교회 목회자다. 자신이 얼마나 죽도록 했는지, 얼마나 기발한 생각을 하고 적용시켰는지를 강의한다. 그런데 세상 회사들도 그렇게 한다. 그렇게 해서 성장한 교회는 내용상 회사처럼 기능한다. 강의를 듣는 보통 목사들은 자극을 받으면서도 기가 죽는다.

"와! 나는 도저히 저렇게 할 수 없다. 저 사람처럼 민첩하지도, 지독하지도 않고, 머리도 안 좋다."

이런 것이 바로 율법적인 강의다. 할 힘이 없는데 하라고 하니 말이다. 하지만 복음은 할 힘을 준다. 용기도 준다. 세미나도 그렇게 해야 한다.

복음은 지독하게 목회하라 하지 않는다. 잭 웰치(Jack Welch)처럼 경영하라 하지 않는다. 고가 성적 매기고 일 못하는 부목사나 직원은 가차없이 자르라 하지 않는다. 대신 복음은 무엇을 하라 하기 전에 하게 만들어 준다. 목회자들이 날고뛰는 실력이 없고 억척스럽지도 못하기에 예수께서 다 해 주셨다. 그리고 우리를 하나님 우편에 예수와 함께 앉혀 주셨다. 죽도록 해서 아래서부터 위로 올라가는 것이 아니다. 복음은 하나님께로 올려져서 거기서부터 내려온다.

복음 목회는 복음을 적용한다. 다른 말로 하면, 하나님의 힘으로 목회한다는 것이다. 이미 승리한 존재로 그 승리를 누리고 펼치기 위해 움직여 나간다. 그냥 위에서 쉬면서 노는 것이 아니다. 하나님과 함께 모든 능력을 가진 채로 움직여 나간다. 눈으로 보면 아무것도 없지만 하나님이 함께 계신다. 놀라운 지원과 축복 속에 영원한 상을 쌓기 위해 일한다. 물론 힘들지만, 내 속의 힘이 더 큰 것을 믿는다.

목회자 자신부터 그 복음을 적용해야 한다. 소천하신 부산 수영로교회 원로목사님의 책 제목이 《교회는 목사만큼 행복하다》(두란노)이다. 점검해 보라. 지금 행복하고 감사한가? 아니면 그 반대인가? 아니면 그저 그런가? 그 상태로 목회도 열린다. 삶의 중심은 나인데 나의 상태대로 나의 세상이 펼쳐진다. 그러니 결심하고 행복해져야 한다. 에이브러햄 링컨(Abraham Lincoln)은 말했다.

"행복하려고 결정하면 그만큼 행복해진다."

교인도 없고, 돈도 없고, 몸도 고달픈데 어떻게 행복해질 수 있냐고? 그렇지 않다. 교인도 많고, 돈도 많고, 몸이 안 아파도 행복하지 않은 사람은 얼마든지 많다. 삶은 절대로 거저먹기가 아니다. 쉽지 않다. 그러면 그냥 정신적으로 행복하다고 생각하라는 말인가? 우리 신앙은 다른 종교처럼 도를 닦는 것이 아니다. 하나님은 모든 것을 풍성하게 주시고, 더 주신다. 단, 하나님을 의지하고 그분의 힘으로 살 때만 그렇다.

무슨 이유에서건 지금 고통스럽기만 하다면 하나님의 도움을 받지 못하고 있다는 증거다. 요셉처럼 노예로 떨어지고 감옥에 가더라도 하나님과 함께한다면 힘들지만 힘들지 않다. 괴롭지 않다는 것이 아니다. 괴롭다. 그런데도 "그가 형통한 자가 되어 그의 주인 애굽 사람의 집에 있으니 그의 주인이 여호와께서 그와 함께하심을 보며 또 여호와께서 그의 범사에 형통하게 하심을"(창 39:2-3) 보았다. 요셉은 노예인데도 형통했다. 그리고 남들도 다 보고 알았다. 정신적인 것만은 분명 아니다.

요셉과 다윗을 비롯한 모든 위대한 신앙의 선배들은 하나님의 힘으로 사는 것이 일반적이었다. 하지만 우리는 "예수는 나의 힘이요 내 기쁨 되시니"라고 찬송하면서 다른 데서 기쁨을 찾는다. 그래서 예수께서 말씀하신다.

"내가 길이요, 생명이다. 내가 방법이다. 내가 기쁨이다. 내가 실력이다. 내가 돈이다. 나는 네가 필요로 하는 모든 것이다."

이 사실을 믿으면 그분을 즐거워할 수 있다. 목사는 자신을 향해 목회해야 한다. 자신 안에 있는 불신앙의 사람을 설득해서 하나님만 믿고 의지하며 즐기게 해야 한다.

# 구원과 천국의 현재성

개신교 신자들은 대체로 구원의 확신이 있다. 오늘이라도 죽으면 천국에서 눈을 뜰 자신이 있다. 이것이 가톨릭을 비롯한 다른 모든 종교와의 근본적인 차이다. 하지만 그것뿐이다. 구원의 현재성은 모른다. 천국도 죽어야 가는 곳으로 알지, 지금 천국을 누릴 수 있다는 사실은 모른다. 구원도, 천국도 모두 먼 훗날의 일이다. 이 세상에서는 죽을힘을 다해서 하나님을 섬기며 바르게 살아야 한다. 이것이 일반적인 신자들의 구원관이다. 쉽게 말하면, 우선 예수 믿고 나서는 우리 힘으로 열심히 살아야 이 세상에서 복 받고 장차 천국도 간다는 것이다.

이것을 목회에 적용해 보자. 재정이 부족하다. 일이 너무 힘들다. 교인들이 괴롭힌다. 심지어는 교인들이 아프고, 실패하고, 가정불화가 일어나는데 그것을 바라보는 것이 고통스럽다. 아무런 힘도 못 되는 것이 슬프다. 이유가 무엇이건 한 가지는 분명하다. 구원을 적용하지 못하고 있는 것이다. 이것도 습관이 되면 무관심해지고 만다.

입으로는 예수가 힘이고 기쁨이라고 찬송한다. 그러나 실제로는 예수를 의지하지 않는다. 돈을 의지하고, 교인을 의지하고, 건물을 의지한다. 세상 좋은 것이 구원이다. 그러나 내 속의 예수는 그 이름대로 구원하지 못한다. 세상살이에서 구원을 경험하지 못하면 죽은 다음에 무슨 구원이 오겠는가? 천국은 영원한 현재인데 천국의 기쁨과 능력을 경험하지 못한다면 죽은 뒤에 천국이 열리겠는가?

그러나 목회가 어디 쉬운가! 늘 힘든 일의 연속이다. 늘 점검해야 한다.

'이미 나는 구원받은 사람이다. 목회에서도 예수께서 구원을 주셨다. 그러므로 나는 받은 구원을 누리기 위해 목회한다.'

우리는 먼저 우리가 가진 구원을 사용해야 한다. 그 구원은 단어만이 아니라 살아 있는 신이다. 사용법을 익히고 그 힘으로 살기 바란다. 그것이 바로 구원의 삶이다. 나는 이 마음을 늘 적용하도록 노력했다. 문제가 일어날 때마다 점검했다. 교인들에게도 이렇게 설교했다.

"구원은 영원하다. 그러므로 우리는 미래뿐 아니라 현재와 과거도 구원받은 존재다. 일이 꼬이거나 더욱 어렵게 되어도 이미 구원받았음을 절대로 양보하지 말자."

이런 자세로 임하게 하니 많은 교인이 힘을 얻고 일어났다. 목회자도 그렇게 선포하면서 구원이 진행되는 것을 보았다.

하지만 재정 압박이 심하고, 애들 학비가 없고, 빚 독촉이 심하고, 몸이 아프고, 가정이 파탄인 상황에서 그런 정신적인 위안이 무슨 도움이 되는가? 그냥 복음의 내용을 선포만 한다고 상황이 달라지는가? 달라진다. 나는 내 안에 계신 예수로 인해 새로운 존재로 바뀌었다. 내 안에 있는 구원의 생명과 능력이 문제보다, 세상보다 크다. 그러니 확신이 덜 와도 계속 주장하기 바란다. 신기하게 극복이 된다.

어떤 이들은 이것을 적극적 사고방식이 아니냐고 말한다. 적극적 사고는 영적이지 않다. 하늘에서 온 것이 아니라, 육신인 우리 속에서 나오는 사고다. 물론 강하다. 그것으로 사업도 하고, 자신을 일으키기도 한다. 그래서 세상적으로 잘된 사람이 많다. 심지어 목회도 그렇게 하는 이들이 있다. 인간이 낼 수 있는 최고의 생각이다.

하지만 복음의 사고는 하나님의 말씀에서 온다. 그분의 약속을 믿고 거기에 맞추어 생각한다. 그러면 영적이며 초자연적인 능력이 부어진다. 오랫동안 육신적이고 파괴적인 사고에 눌린 어두운 마음은 노력한다고 쉽게 바뀌지 않는다. 오직 하나님만이 바꾸실 수 있다. 이때 하나님의 도움은 그분의 말씀을 통해서 온다. 해당하는 말씀을 암송하며 자신에게 적용시켜 보라. 이상하게도 흔들리지 않는 믿음이 일어난다.

"너희가 거듭난 것은 썩어질 씨로 된 것이 아니요 썩지 아니할 씨로 된 것이니 살아 있고 항상 있는 하나님의 말씀으로 되었느니라"(벧전 1:23).

정말 그렇다. 거듭나게 하고 영적으로 만드는 것은 오직 살아 있는 하나님의 말씀이다. 겉으로는 적극적 사고와 비슷하게 보이기도 한다. 하지만 사고의 출발점이 말씀인가, 아니면 내 생각인가가 전혀 다른 결과를 만들어 낸다.

하나님의 말씀을 매일, 여러 번 자신에게 선포하라. 말씀은 신비한 능력으로 하나님의 믿음을 준다. 인간의 믿음인 적극적 사고와는 차원이 다르다. 영적이고 실제적이고 구체적인 변화와 삶의 능력을 준다. 믿음을 준다. 그 출발점이 구원의 확신이다. 구원의 확신은 나 자신부터 살려 낸 후 목회를 일으켜 주었다.

# 하나님만 의지하여 공평하기

많은 교회에 갈등이 있다. 갈등은 항상 인간관계에서 나온다. 목사의 리더십에 반항하는 것이다. 목사들은 말한다.

"나는 진실하게, 오직 교회만을 위해서 일한다. 우리 교회에서 나만큼 교회 일 잘 알고 많이 하는 사람이 어디 있는가?"

정말 그렇긴 하다. 그리고 늘 나오는 말이 있다.

"특정 장로가 괴롭힌다. 질 나쁜 교인이 있다. 주의 종에게 순종하지 않는다."

그것도 맞는 말이다. 하지만 여러 경우를 오래 살펴본 결과 한 가지 원리를 발견했다. 갈등의 중심에는 언제나 목사가 있다는 것이다. 다시 말하면, 목사가 갈등의 이유다. 그리고 갈등의 원인은 대개 운영이 민주적이지 않기 때문이다. 어디서나 민주적으로 절차가 진행되면 할 말이 없다. 그러나 목사건, 교인 중 강한 사람이건 누구나 자기 뜻대로 결정을 내리고 진행하려 하면 갈등이 일어난다.

교인들은 누구나 목회에 관한 한 목사의 권위를 인정한다. 하지만 교회 운영은 자신들도 참여하기를 바란다. 많은 교회에서 목사가 마음대로 재정과 행정을 집행한다. 교인들은 무엇이 어떻게 되는지를 모른다. 지금까지 그렇게 교회를 운영해 온 목사가 많다. 그러나 사회가 민주화가 되면서 목사의 그러한 독주는 점점 더 저항을 맞게 되었다.

나도 교수 노릇 하다가 목회를 하면서 내 마음대로 예산이나 인사나 행정을 결정했다. 당회나 제직회에는 나중에 통고하거나 설명했다. 그리고 나를 지지하는 세력을 옆에 두고 싶어 했다. 듣자 하니 어느 교회는 담임목사를 위한 친위대가 50명이 있다고 한다. 이들은 담임목사가 무슨 일을 하건 상관없는 경호원들이다. 또한 개척할 때 도와달라고 형제나 친척을 불러들이는 경우도 있다. 이 모든 것이 한마디로 사람을 의지하는 인본주의 방법이다.

정말로 하나님을 믿는다면 하나님을 의지하고 하나님의 방법으로 운영해야 한다. 가족이 설쳐대면 어떻게 공평한 운영이 되겠는가! 가족이 주도권을 잡고 있으면 누가 그 밑에서 신앙생활하겠는가! 이런 유혹에 빠지지 말고 하나님만 의지하기 바란다.

목사에게 따지고 반항하는 사람은 어디에나 있다. 그러나 목사를 사랑하고 존경하는 사람이 압도적으로 많다. 자신의 말을 잘 듣는 사람만 데리고 목회하고 싶은 것이 인간의 마음이다. 하지만 그러면 내 편과 반대편으로 나누기 쉽다. 모두를 내 편으로 삼아야 한다. 모두가 주의 양인 동시에 나의 양이다. 자꾸 덤비고 찔러도 내 편으로 품어야 한다. 그러면 교회에 파가 갈리지 않는다. 가족이나 친한 사람하고만 가까이하면 교회는 성장하지 않는다.

어느 목사는 개척 후 얼마 안 되어 자기 형을 장로로 만들었다. 또 다른 목사는 교회는 부흥되지 않고 당회는 구성해야겠기에 자기 부인을 장로로 만들었다. 하지만 그렇게 하면 절대로 교회가 성장하지 않는다. 누가 그런 교회에 가겠는가! 공평하지 않은 목사를 누가 자기 영혼의 아버지로 삼겠는가! 신앙적으로도 하나님을 의지해야지, 인간을 의지한다면 스스로 자신의 목회가 어떤 것인지를 선포하는 행동이다.

가장 강하고 잘되는 길은 처음부터 끝까지 하나님하고 씨름하는 것이다. 야곱이 죽음을 앞두고 깨달은 방법이다. 세상적으로 쉽게 하려 하지 말고, 막힌 것 같아도 하나님을 붙잡아야 풍성한 길이 열린다.

누구나 목사가 공평하게 대하기를 바란다. 교인들은 아주 민감해서, 만약 누구를 사랑하는 것처럼 표현한다면 그 사람이 장로나 권사로 뽑히기보다는 왕따 되기가 더 쉽다. 그러므로 목사는 교인들을 공평하게 대하는 훈련을 해야 한다. 모두가 자식이어야 한다.

하나님의 교회이니 자신의 이익보다는 교인들의 유익을 추구해야 한다. 그러기 위해서는 모든 것을 민주적으로 처리해야 한다. 헌법에도 부동산이나 인사 문제는 당회에서, 재정 문제는 제직회에서 의논한다. 부목사건 직원이건 마음에 안 든다고 멋대로 그만두라 해서는 안된다. 당회에 상황을 설명하고 회의에서 결정하도록 해야 한다. 그러면 회의를 통해 결정되었기에 해고당한 사람이 목사에게 따질 수가 없다. 재정도 예산에 있는 대로 해당 부서에서 담임목사의 허락을 받아 집행해야 한다. 담임목사가 마음대로 돈을 쓰는 것이 아니다.

담임목사 스스로가 자기의 권리를 제한하고 민주적으로 그리고 투명하게 일을 진행해야 한다. 그러면 대부분의 갈등은 사라지고 만다.

# 민주주의 행정

장로와의 갈등은 목회를 대단히 힘들게 만든다. 보통 신자가 목사를 대항해도 목회는 힘들어진다. 이 사람, 저 사람 붙잡고 비판하며 불평하면 감당하기가 어렵다. 개척 단계를 겨우 벗어나 당회를 구성했을 때의 일이다. 한 장로가 나를 비판하며 다니기 시작했다. 직접 말하지 않고 뒤에서 이 사람, 저 사람 만나 담임목사를 비난하니 교회 분위기가 어둡게 되었다.

처음에는 인간적으로 해결하려고 했다. 만나서 식사하면서 서로 이야기하고 이해하면 되지 않을까 생각했다. 그러나 만나려 하지를 않았다. 나를 신뢰할 수 없다는 것이었다. 심지어 정직하지 않다고 했다. 충격이었다. 적어도 정직성은 자신하고 있었다. 그리고 담임목사보다 더 교회를 사랑하고 교회에 헌신하는 사람은 없다고 생각했다. 이것은 어디까지나 사실이었다.

목사와 장로가 싸우면 교인들의 입장이 난처해진다. 목사는 교인들이 자기편에 서서 자기를 지지하고 그 장로보고 그러지 말라고 해 주기를 바란다. 그러나 교인들은 그러지 않는다. 그저 대충 양쪽의 비위나 맞추면서 뒤에서는 양쪽을 다 비난한다.

이럴 때 목사가 사람들을 붙잡고 자신의 편이 되어 달라고 부탁하거나 하소연하고 다니면 교회는 난장판이 되고 만다. 또는 대들지 말라고 설교하고 꾸지람하면 상황은 더욱 나빠진다. 많은 경우에 목사들이 그렇게 하면서 교인들이 갈라지고, 날이 갈수록 감정이 해결하기 어려운 상태로 악화되고 만다.

사실 어찌 보면 갈등을 포함한 모든 역경은 교회도, 목사 자신도 성장할 수 있는 좋은 기회다. 그러나 나는 해결책을 얻지 못한 채로 몇 년을 보냈으니 얼마나 고통스러웠는지 모른다. 목회를 접을까 하는 생각을 수없이 했다. 그러나 그럴 수 없는 것은, 이 목회는 내가 하고 싶어서라기보다 하나님이 주신 사명이었다. 목회의 원리를 찾다가 나처럼 시달리는 다른 목회자들에게 도움을 주어야 했다. 그러니 무슨 방법을 써서라도 해결해야 했다.

이 장로를 치리해서 쫓아내 버릴까 하는 생각도 들었지만, 그 방법이야말로 해서는 안 되는 일이었다. 어떤 분명한 죄도 없이 나에게 순종하지 않는다고 죄목을 걸어서 벌을 줄 수는 없었다. 아무리 힘들어도 그건 아니었다. 시간은 자꾸 흐르고, 교회 성장은 지지부진해졌다. 어느 집단이든 갈등 속에서는 성장하지 않는다.

그동안 계속 이 문제로 기도했지만, 목적이 정확하지 않았다. 그저 "이분의 마음을 감동해 변화시켜 주십시오"라고 기도하는 수준이었다. 그랬기에 몇 년을 그렇게 보낸 것이다. 하루는 이렇게 기도했다.

"어떻게 해야 할까요? 알려 주세요."

그러자 마음에서 대답이 왔다.

'네가 변해라. 그 사람도 해결하지 못하면서 무슨 목회를 하느냐? 일단 그가 원하는 것을 들어 봐라.'

다음번 당회부터는 반대하고 비판적으로 나와도 끝까지 그의 말을 들었다. 다 듣고 나니 일리가 있었다. 그의 주장은 분명했다. '충분히 말할 기회를 달라. 그리고 회의를 법대로 진행하고 결정된 것을 시행하라'는 것이었다. 그러고 보니 그동안은 내가 멋대로 다 한 뒤에 설명하고 이해해 달라는 식이었다. 한마디로 절차를 제대로 지켜 달라는 요구였다.

그 이후에는 무엇보다도 절차를 가장 중요하게 여겼다. 항상 절차대로 생각하고, 먼저 의논하고 결정된 것을 선포한 후 그대로 진행했다. 민주적으로 의논한 뒤에 합의를 보고 진행하니 불만이 있을 수 없었다. 혹시 이해하지 못하는 교인들이 불평을 하면 장로들이 나서서 설명해 주었다. 모든 일은 미리 모두에게 충분히 설명하고, 회의에서 의견을 말한 후 결정하게 했다. 단, 어느 부서에서 진행하는 어떤 회의든 할 말은 다 하게 하되 인신공격은 허락하지 않았다. 거룩한 교회의 회의는 당연히 거룩하다. 그러니 농담이나 반말, 심지어 욕설은 절대로 허용되지 않는다. 항상 최고의 존칭어와 고상한 말을 사용하게 하자 모든 회의가 진지해졌다. 각 부서도 회의를 거쳐 결정하고 그 내용을 기록해 당회에 보고하게 했다. 한마디로 민주적으로 모든 일을 진행하게 한 것이다.

그뿐 아니라 당회나 제직회, 재정 장부 등의 기록은 교인들이 언제든 열람할 수 있게 했다. 제직회 한 주 전에는 모든 결산 보고를 낱낱이 복사해 사무실에 두었다. 필요한 사람은 가져가서 보되 외부로 유출되지 않도록 했다. 필요하면 연구한 뒤에 각 부서나 재정부장에게 문의해 회의 전까지 해결하게 했다. 그래서 실제 회의는 간단하게 진행되게 했다. 실제로 이후 회의에서 재정 보고는 아주 간단하게 진행되었다.

그 이후로 적어도 민주적이고 투명한 운영에 대해서는 아무도 문제를 제기하지 않았다. 교인들도 이 사실을 만족해하며 자랑스럽게 여겼고, 나도 민주적이고 투명한 교회 운영을 배우게 되어 기뻤다. 대부분의 교회에서 일어나는 분란이 민주적인 방식으로 바꾼 후에는 우리 교회에서 일어나지 않았다. 회의 중에 큰소리를 내는 사람도 없었다. 참으로 교회 운영에서 가장 중요한 단어는 절차였다.

# 분당으로의 이전

분당서울대학교병원 앞에 교회를 이주할 만한 건물이 하나 나타났다. 그 건물은 새에덴교회의 소유였다. 지은 지 7년이 되었는데 짓자마자 가득 찼다고 한다. 당시에는 분당에 신도시가 형성되어 입주가 시작되었기 때문에 교회가 금세 일어났다. 언제나 신도시가 시작될 때 들어가는 교회는 왕성해질 가능성이 크다. 먼 거리를 오가는 사람들을 위해서 10여 대의 버스가 운행되고 있었다.

먼저 선임 장로와 함께 교회를 방문해서 전체를 살펴보았다. 3층 위 옥상에 건물이 하나 있고, 본당은 반지하였는데 약 300평가량 되었다. 문제는 그 밑의 지하였다. 상당히 넓은 공간이 폐허 상태였다. 방이 여러 개였는데 습기가 차고 공기 순환이 안 되었다. 바닥에는 항상 물이 있었다. 건물 전체가 거의 손을 대지 않아서 낡을 대로 낡아 있었다. 다른 데로 옮길 준비만 하고 있었던 것 같았다.

다른 장로들도 가서 보라고 했다. 모두가 좋아했다. 하지만 건물만 낡은 것이 아니라 아파트 단지들과 너무 떨어져 있었다. 길 건너편은 대형 빌라였다. 그래도 당회에서 좋다고 하니 담임목사를 만났다. 40에서 50억 원 사이를 받았으면 좋겠다고 했다. 나는 일단 45억 원을 부르고는 기타 세밀한 사항은 양쪽 장로들에게 맡겼다.

그렇게 두어 달이 지난 뒤 선임 장로에게 전화가 왔다. 없었던 일로 하자며 결렬되었다고 했다. 한쪽에서는 깎으려고 하고, 다른 쪽에서는 더 받으려 하다가 감정이 나빠진 것이었다. 다시 담임목사들끼리 이야기를 한 뒤에 양쪽 장로 모두를 모이라고 했다.

"더 주어도 교회가 받는 것인데 너무 액수에 집착하지 맙시다."

양쪽 목사들의 말이었다. 그래서 45억 원으로 낙착이 되었다.

그쪽 담임목사는 구두로 결정한 후에는 변함이 없었다. 그 후에 더 주겠다는 상대들이 나타나도 흔들리지 않았다. 이미 결정되었다는 것이다. 우리는 걱정이 되었다. 건축 헌금을 작정했더니 8억 원이 모아졌다. 이것으로는 어림도 없었다. 어떻게 45억 원을 마련할 것인가? 게다가 당시 노무현 정부가 들어서면서 부동산이 완전히 동결되었다. 전국 어디서든 부동산 매매는 올 스톱이었다. 돈 나올 데가 전혀 없었다.

그래도 대치동 건물을 내놓았더니 39억 5천만 원으로 감정이 나왔다. 단 몇 년 사이에 거의 두 배로 값이 오른 것이다. 그러나 누가 사겠는가? 하지만 놀라운 일이 일어났다. 사겠다는 사람이 나타난 것이다. 아마도 당시 전국에서 팔린 건물은 이거 하나였을 것이다. 그래서 팔고 우리는 그 건물에 전세로 있게 되었다. 정말로 하나님이 하시면 안 될 일도 되었다. 교우 전체가 이 기적 같은 일을 함께 경험했다.

이제는 절차를 제대로 밟아야 했다. 본래 헌법대로 하면 부동산은 당회의 결의로 진행할 수 있었다. 그러나 교회를 옮기는 일까지 겹쳤다. 그래서 제직회와 공동의회를 통하기로 결정했다. 먼저 제직회로 모였다. 제직 중의 일부는 강남에서 분당으로 옮기는 일에 대해 불만족스러워했다. 그러면서 제직회장인 내가 보고 있으니 거수로 하지 말고 무기명 투표로 해 달라고 요청했다. 그대로 해 주었다.

75퍼센트의 찬성이 나왔다. 공동의회로 갔더니 90퍼센트가 찬성해 주었다. 2003년 10월 5일, 민주주의 원칙대로 교회 건물을 팔고 분당으로 옮기는 일이 결정되었다. 그러나 그 일이 실행되려면 2년을 기다려야 했다. 새에덴교회가 죽전에 건물을 완공하고 이사해야 우리도 옮길 수 있었다. 그 2년은 아무 문제 없이 빠르게 흘러갔다.

2005년 6월 말, 드디어 이전을 시작했다. 일단 2층 교육관을 예배실로 만들고 나머지는 리모델링에 들어갔다. 많은 교인이 교회 근방으로 이사했다. 버스를 차입해서 대치동에서부터 오도록 조치했는데, 놀랍게도 거의 전체가 다 이주했다. 그만큼 자신의 교회가 중요했다. 대치동 상가에서 장사하는 몇 집을 빼고는 모두 분당으로 예배하러 왔다. 모두가 기뻐했다. 좀 멀기는 해도 하나님의 축복하심을 함께 경험할 수 있었기 때문이다.

모든 교인이 함께 경험한 기적 같은 일이었다. 우리 실력으로는 해낼 수 없었던 건물 매입 그리고 모두가 화목하게 한마음으로 이주를 결정하고 이사했다. 다른 교회에서는 잘 볼 수 없는 현상이었다. 그야말로 오합지졸 이스라엘이 홍해를 건넌 것과 같았다. 우리는 부족해도 하나님이 복을 주시면 언제나 놀랍고 큰일이 너무도 은혜롭고 쉽게 이루어진다는 것을 경험했다.

# 분당 아름다운교회

아름다운교회는 두 번의 건축에 해당하는 일을 했다. 어느 교회나 개척 단계를 벗어나 중견 교회로 일어나려면 몇 번은 건축하게 마련이다. 우리는 땅을 사고 건물을 짓는 순수 건축은 경험하지 못했다. 건물 매입과 리모델링뿐이었다. 그러나 건축 못지않게 힘든 것은 자금을 마련하는 일과 건물을 수리하고 단장하는 일이었다.

건축 과정이 너무 힘들기에 나온 통설이 있다. 건축을 마치면 담임목사가 병이 들든지, 쫓겨나든지 한다는 것이다. 우리도 쉬운 일은 아니었지만, 하나님이 도우신다는 느낌을 경험했다. 이것이 중요하다. 교우 전체가 함께 일하면서 그 과정에서 하나님의 임재를 경험하는 것이다. 재정 마련이 가장 어려운데, 우리는 어렵지 않게 되었다.

다음으로는 리모델링 과정에서 여러 문제가 일어나게 마련이다. 그러나 모두 공개적으로 투명하게 진행하고, 담당자들이 철저하게 보고했다. 목사는 할 일이 없었다. 리모델링을 위해 광고하여 몇 개의 회사에서 입찰을 받았다. 세 개의 회사가 마지막에 경합을 벌였다. 두 회사는 가격이 싸고, 리모델링을 위한 기간도 짧게 요구했다. 그러나 마지막에 보니 '선두'라는 회사가 선발되었다. 그 회사가 요구한 가격은 다른 곳의 두 배가량 되었다.

이 일로 인해서 건축위원들 간에 열띤 토론이 벌어졌다. 결국 건물 수리인가, 아니면 아름다운 교회에 걸맞은 리모델링인가의 주제로 토론이 모아졌다. 교회 리모델링은 건축 디자이너인 장 집사에게 맡겼다. 그는 일전에 대치동 교회의 탁월한 디자인으로 모두의 사랑을 받았다. 그래서 그가 감독하고 선두가 리모델링을 진행하기로 결론이 났다.

대치동과는 비교가 안 되게 건물도 크고 방도 많아 리모델링 기간이 길어졌다. 하지만 매주 당회와 담당자들이 모여서 보고하고 투명하게 의논하면서 일을 나누어서 하다 보니 진행이 아주 쉬웠다. 담임목사는 할 일이 없었다. 하려고 해도 실력이 없으니 구경만 할 뿐이었다. 그저 기도하고 회의 진행하는 것이 주된 업무였다. 오히려 장로님들이 열심히 일해 주셨다.

사실 건축뿐 아니라 사회의 일들은 목사보다 다른 제직들이 더 잘한다. 나도 회의는 진행하지만, 용어부터 알아들을 수가 없었다. 다른 목사들은 건축을 위해 새벽부터 밤까지 달려들어 피로와 스트레스로 거의 죽을 지경이 된다. 하지만 나는 본래 아무것도 몰랐기에 무척이나 편했다. 그러다 보니 항상 미안한 마음이 충만했다. 하지만 담당자들이 서로 보고하며 살펴보니 너무도 정확하고 확실하게 진행되었다.

2005년 11월 20일, 드디어 입당 예배를 드리게 되었다. 밖에서 보나 안에서 보나 문자 그대로 아름다운 교회였다. 구석구석이 다 아름다웠다. 건축에 참여한 분들, 다른 교회에 나가면서도 많이 헌금한 분들을 포함해 해당자들 거의 모두에게 감사패와 공로패를 드렸다.

이렇게 해서 드디어 공식적인 분당 시대가 열렸다. 이미 건축을 하고 있는 몇 달 동안에도 아름다운교회에 출석하기로 작정한 분당의 새 식구가 상당수였다. 이미 믿은 신자들로, 아름다운교회에서 신앙생활을 다시 시작하겠다는 각오였다.

지금까지 목회 전반을 통해 경험한 바에 의하면, 하나님을 의지하고 맡기면 일이 너무도 쉽게, 너무도 아름답고 완전하게 진행된다는 사실이다.

# 융합

대치동에서 분당으로 옮긴 이후에 교인 수는 외형적으로 많이 늘었다. 대치동에서 떠날 때는 평균 출석률이 270명이었다. 그러나 분당으로 옮긴 후에는 2009년까지 계속 증가해서 갑절이 되었다. 이 기간에 대치동 식구들이 많이 떠났음에도 불구하고 그렇게 늘었으니, 별안간 대치동 교인들은 소수파가 되어 버렸다. 그러나 이들에게 목사가 느끼는 애정은 남다른 것이었다.

대치동 사람들은 초신자가 대부분이었다. 그러나 길지 않은 시간이지만 복음 신앙 교육을 잘 받아 온 바였다. 교회 봉사를 별로 강조하지 않았기에 그 훈련은 약했지만, 대체로 순수하고, 순종을 잘했다. 뭐든지 목사가 하라는 대로 따라 주었다. 반면에 분당 사람들은 대체로 오랜 신자가 많았다. 자기들 나름대로 신앙의 형태가 굳어져 있었다. 이사 오고 아름다운교회의 분위기가 좋아서 등록은 했지만, 전에 다니던 교회의 신앙이나 헌신하는 방법에 익숙해 있었다. 그러기에 다른 교인들을 향해 너무 열심이 없다고 말하는 이들이 많았다. 어떤 교우는 행동이나 말이 과격했다. 과거에 그런 분위기에서 지내 온 것이다.

대치동에서 온 신자들은 대체로 얌전하고 품위가 있었다. 헌금도 많이 했다. 외형적인 열성은 약해 보였는지 몰라도 꾸준하고 변함이 없었다. 하지만 사람들에게는 눈에 보이는 모습도 중요했다. 어느새 새로 나온 분당 사람들이 앞서서 일하고 주도하는 것처럼 보였다. 그러면서 중요 직책도 많이 맡게 되었다. 그러니 오래 출석해 온 사람들이 섭섭한 마음을 가질 수도 있었다. 결국 그들 가운데서 불평하는 사람이 나왔다. 어디나 터줏대감 노릇 하는 고참이 있기 마련이다.

"굴러 들어온 돌이 박힌 돌을 빼내려고 한다."

나온 지 얼마 안 되는 사람들이 설친다는 말이다. 이대로 두었다가는 고참과 신참 세대로 나뉘어 갈등이 일어날 것 같았다. 대치동 식구들과 분당 식구들 간의 화합이 참으로 필요했다. 나는 공석에서건 사석에서건 시간이 날 때마다 말했다.

"교회에 꾸준히, 오래 나오는 것이나 인격이 훌륭한 것도 중요하지만, 열심히 참여하는 것은 더욱 중요합니다."

그러므로 누구든지 열심 있는 사람에게 일을 주라고 말했다. 그리고 점잖은 대치동 식구들이 잘 협조해 주었다. 그래서 항존직 선거에서 출석한 지 오래되었거나 특정 지역 출신보다 열심 있고 성실한 사람들을 뽑아 주었다. 항상 선거 후에 보면 대체로 될 만한 사람이 되곤 했다.

사실 목사로서 솔직히 '저 사람이 되었으면 좋겠다'고 느껴지는 경우가 가끔 있다. 그래서 그를 위해 기도도 하고, 교인들에게 은근히 칭찬도 했다. 하지만 그 결과는 오히려 긴장과 갈등만 만들어 낼 뿐이었다. 결국에는 그가 왕따가 되었다. 교인들은 목사가 자기에게 특별히 잘해 주기를 바라면서도 모두를 공평하게 대하기 바란다는 것을 알게 되었다.

성도들이 목사의 마음이 누구에게로 향하고 있음을 느낀다면 정말로 이상한 분위기가 만들어지고 만다. 상처받는 사람도 나온다. 그리고 나중에 보면 내 생각보다는 교인 전체의 생각이 옳았음을 알게 된다. 한두 번이 아니라 여러 번 경험하는 상황이었다. 절대로 교인들을 향해 좋고 싫음의 마음을 갖지 않아야 한다. 특별히 가까이하는 사람도 없어야 한다. 이것을 지키려고 노력했다.

민주주의가 교회에는 맞지 않는다고 말하는 이들을 종종 본다. 교회는 신주주의요, 목사만큼 교회를 아는 사람이 어디 있느냐는 것이다. 그러면서 신주주의는 하나님의 주권을 말하는 것인데, 목사의 권위를 거기에 맞춘다. 즉 목사에게 복종하는 것이 신주주의라는 것이다. 목사를 존경해서 순종하는 것은 좋다. 그러나 매사에 복종하는 것을 신주주의라고 주장하면, 그 자체가 신주주의를 벗어난다.

그러면 신주주의를 어떻게 적용해야 할까? 목사는 성경을 읽고 기도하면서 깨달은 하나님의 뜻을 설교를 통해 말하고 중직들에게 설명해야 한다. 그래서 그들이 이해하고 목사의 뜻을 존중해서 결정해 주도록 만들어야 한다. 목회 부분은 목사의 고유 권한이지만, 여전히 이해하도록 설명하고 따라오게 해야 한다. 행정이나 교회 운영은 목사가 세상 일을 하는 교인들보다 미숙한 경우가 많다.

정리하면 이렇다. 우선 목사 자신이 불편부당(不偏不黨), 오직 하나님만 섬기며 교인들을 사랑하는 훈련을 해야 한다. 당회원들이나 항존직들의 의견을 존중하고, 교인들의 뜻이 반영되도록 운영해야 한다. 그러려면 자신의 사심을 거두고 오직 교회의 유익을 생각해야 한다. 만약 중직들이 이해하지 못하고 반대하면, 이해할 때까지 기다리며 설득해야 한다. 끝까지 이해하지 못하면, 여전히 기다리는 수밖에 없다.

절대로 교회에서 목사 편과 장로 편 또는 누구 편을 만들지 않아야한다. 목사에게 아무리 반대해도 반대편으로 봐서는 안 된다. 교회의 분란은 거기서 나온다. 목사가 교인들 편을 가르는 것이다. 여전히 한집안 식구로서 의견이 다르거나 성격이 다를 뿐이다. 괴로워하고 다투더라도 여전히 반대파가 되게 해서는 안 된다. 불편부당, 공평한 지도자가곧 목회자여야 한다. 다시 말하지만, 교회를 우선으로 하면 가능하다.

# 목회가 안 될 때

분당으로 이전한 후에는 계속 주일 출석 인원이 늘어났다. 그러면서 2009년에 600명 정도로 절정기를 맞았다. 하지만 그 후로는 정체 상태가 이어지더니, 2011년부터는 출석 인원이 줄어들었다. 목사에게 가장 두려운 것은 교인 수의 감소다. 피를 말리는 느낌이다. 당해 본 목사만이 그 고통을 안다. 아직 작은 교회보다는 교인이 월등히 많다. 그래도 교인 수가 줄어들면 도무지 목회할 마음이 없어지게 된다.

그러면 당회원들이 격려해 주어야 한다. 그러나 현실은 전혀 그렇지 않다. 사방에서 출석이 저조하다고 말한다. 그러면 목사가 힘을 얻어 열심히 일할까? 더욱 힘이 빠진다. 비참한 감정으로 몇 달 지나면 마음이 지옥으로 충만해진다. 그것이 목회의 모든 분야를 지배한다. 설교도 거기에 맞춰서 나온다. 악순환이 계속되면서 갈수록 목회는 힘들어진다. 담임목사가 그러면 교회 전체가 그 분위기로 되어 간다.

도대체 무엇이 원인일까? 이것이 부정적 접근이다. 안 되는 원인이 너무도 분명하게 나온다. 교인들이 다른 데로 이사를 가거나, 교인들끼리 싸우고 안 나오거나, 멀어서 안 나온다. 무엇보다도 기독교의 위상이 내려갔다. 새로 전도하기가 그렇게 어려워졌다. 전반적으로 기독교 인구가 줄어들어 간다. 대세가 그런데 우리만 늘어날 수 있는가! 안 되는 이유는 백 가지라도 찾아낼 수 있다.

당시에는 보통 1년에 100명 이상이 등록해야 현상 유지가 되었다. 그보다 적은 수가 등록하면 줄어든다는 사인이었다. 그러나 현상 유지에 필요한 인원의 절반도 등록을 안 했다. 이사 오는 신자들도 모두 큰 교회로 가 버렸다. 편하기 때문이다. 큰 교회 말만 들어도 화가 나고 욕이 나왔다.

그러다 보니 예산도 많이 줄어들었다. 헌금을 많이 내던 몇 분이 돌아가신 다음에는 더욱 헌금이 줄었다. 게다가 이사 온 지 몇 해가 되고 나니 수리할 곳이 여기저기서 터져 나왔다. 예산에도 없는 지출이었다. 액수도 몇천만 원이 기본이었다. 목사로서 기죽지 않고 표정과 자세를 만들어 보려 했지만 역부족이었다.

이런 상황에 빠진 목회자가 상당수 있을 것이다.

"오호라 나는 곤고한 사람이로다 이 사망의 몸에서 누가 나를 건져 내랴"(롬 7:24).

아무리 몸부림을 치며 기도해도 답이 안 나온다. 목사의 태도는 보여야겠기에 계속 교인들을 격려하며 믿음을 지키라고 하지만, 자신부터 어찌해야 할지를 모른다. 여기서부터 모든 약함과 실수와 실패가 나온다.

이런 상태로 오래가서 아예 마음속이 어둡고 답답하다면 일어나기가 어렵다. 또한 기본적으로는 믿음을 가지고 있어도 자주 이런 상황에 처한다든지, 아니면 마음의 상처와 어두움이 한구석에 자리 잡고 있다든지 하면 누구나 다 조금씩 또는 시시때때로 이런 절망을 경험하게 된다. 물론 계속해서 침몰하지는 않는다. 이 상황을 반드시 극복해 낸다.

우리가 보는 것은 상황이다. 상황이 나쁘면 눈과 마음이 거기에 고정되어 노예가 된다. 그래서 어둠을 섬기고 벗어나지 못한다. 목사는 교인 수만 세고 헌금이 줄어드는 것만 본다. 하지만 어둠은 오직 빛으로만 해결된다. 빛은 오직 하나님뿐이요, 하나님은 말씀으로 마음을 수술하신다. 다시 말하지만, 이 마음의 병을 치료하실 이는 오직 예수뿐이다. 어떻게 예수가 치료하시는가? 눈을 돌려 당신을 보게 하신다.

지금은 가진 것이 없어도 그분이 있으면 다 있다고 자신에게 말하라. 병이 오랜 사람은 약을 하루에도 몇 번이고 정해서 먹여야 한다. 그것이 예배요, 기도요, 찬송이다. 예수에게 집중해 보라. 해결의 능력이 나온다. 오직 그분만이 하나님이요, 도움이시다.

# 병에 걸리다

목회 문제 극복을 말하기 전에 먼저 병 이야기를 하는 것이 좋겠다. 연관되었기 때문이다. 2012년 늦은 6월, 오른쪽 아랫배가 당기기 시작했다. 뻐근한 느낌이 계속되었다.

'맹장인가?'

맹장에 대해서 찾아보니 맹장치고는 심하게 아프지가 않았다. 그렇게 두 주가량이 지났다. 그런 상태로 통증도 계속되었다.

'만성 맹장인가?'

어느 날 아내의 등쌀에 못 이겨 오후 늦게 가정의학 의원을 찾았다. 열을 재고 몇 마디 물어보더니 즉시 분당서울대학교병원으로 가라고 서류를 주었다. 응급실로 바로 가서 CT를 찍고 X레이도 찍었다. 아직 저녁도 안 먹었는데 맹장염이라면서 수술을 해야 한단다. 그러면서 거기에는 자리가 없다고 다른 데를 소개해 주었다. 소아과 의사인 권사님과 의논했더니 안 된다고 하면서 급히 수소문해서 강남세브란스병원에 자리를 얻어 주셨다.

밤 12시에 수술에 들어갔다. 마취가 깨고 나니 통증이 말도 못 할 지경이었다. 오른쪽 배 아래를 위아래로 10센티미터가량 찢었다. 중심인 배를 쨌으니 아무것도 할 수 없었다. 옆으로 돌릴 수도 없었다. 위를 보고 누운 상태만 유지해야 하니 그것도 큰 고통이었다. 뒤척일 수가 없으니 그대로는 잠도 자기 어려웠다.

몸은 유기적이다. 우리가 흔히 맹장이라고 말하는 충수 돌기는 굵기 5밀리미터, 길이 10센티미터 정도 되는 작은 끈과 같다. 그 작은 것을 떼어 냈는데 몸 전체가 영향을 받아 위장부터 내장 전체가 완전 정지 상태였다. 물은커녕 침도 삼킬 수 없을 정도였다. 그러기에 가스가 나왔느냐고 묻는 것이다. 한 군데만 움직여도 제대로 돌아간다는 증거이기 때문이다. 방광은 터질 것 같은데 소변이 나오지 않았다. 간호사가 소변 통로로 작은 관을 집어넣었다. 그 고통을 생각해 보라. 이것이 환자였다.

일단 병으로 입원하고 나니 그렇게 열심을 내고 하려던 모든 일이 중지되었다. 걱정도, 관심도 다 없어졌다. 이전까지는 다른 사람들을 위해 병원에 왔었다. 환자로 입원해 보니 병자의 심정을 이해할 수 있었다. 사람들 방문이 귀찮았다. 빨리 가 주었으면 하는데 오래 있으니 너무 힘들어, 교회에 오지 말라고 광고했다.

수술하고 몇 시간 뒤 아침이 되자 일어나라고 했다. 배에 힘을 줄 수 없는데 어떻게 일어나야 할까? 고맙게도 아들이 일으켜 주었다. 일어 났더니 이번에는 걸으라고 했다. 그래야만 빨리 낫는다는 것이다. 줄을 잔뜩 단 채로 걸었다. 운동해야 장도, 다른 부위도 힘을 얻는다고 한다. 아프다고 가만히 있으면 아주 더디게 회복이 된다고 했다. 어떻게 보면 인생과 똑같다. 아플수록, 힘들수록 더 움직여야 한다. 움직이다 보면 힘도 나고, 방법도 나온다. '일어나 걸으라.' 삶의 원칙이다.

하루는 사랑의교회에서 교인들이 나와서 복도에서 머리를 감겨 줬다. 많은 사람이 신세 질 것 같은데 별로 없었다. 가서 앉았더니 머리를 뒤로 젖혀 감겨 주었다. 얼굴도 씻어 달라고 했다. 5일 만에 하는 세수였기에 너무나도 감사했다. 봉사하는 분들이 천사들 같았다. 이런 봉사가 참 필요하다는 생각을 했다. 그들을 마음으로 축복했다.

몸의 한 부분이 아프면 전체가 다 중지된다. 가족 한 사람의 입원이 온 가족의 일을 마비시킨다. 아내와 아들이 번갈아 머물면서 시중을 들었다. 옆의 간이침대에서 불편하게 자야 했다. 교회도 그렇다. 한 사람에게 불행이 오면 모두가 고통스러워하며 마음고생을 한다. 물론 한 사람이 잘되면 가족도, 영적 가족도 다 영광을 받는다.

그러나 이것은 어디까지나 숫자가 알맞아 공동체가 될 때의 이야기다. 요즘처럼 대다수의 신자가 무조건 큰 교회로 집합한다면, 그것은 가족이 아니다. 서로를 위한 봉사도, 책임 분담도 없다. 비디오로 예배하는 것을 지켜보는 군중일 뿐, 예수의 몸은 아니다.

여하간 난생처음 병원에 입원하면서 목회의 본질을 생각했다. 그러면서 가족과 공동체의 중요성을 경험했다. 몸도, 가족도, 교회도 성경에 설명된 대로 유기체였던 것이다.

# 믿음이 없다

6일간 병원에 입원하고 퇴원하는 날이 되었다. 수술한 지 일주일 만에 다시 의사를 만났다. 대충 어떠냐고 물어보더니 수술한 자리를 살폈다. 그러고는 아주 난감한 표정으로 말을 시작했다. 맹장은 보통 굵기가 5밀리미터인데, 어떤 이유에서든 막히면 맹장염이라고 하고, 부패해 10밀리미터가 되면 터진다고 했다. 그런데 내 것은 30밀리미터가 되었는데도 안 터져서 조직 검사를 보냈다고 했다. 결과는 암이었다.

재수술을 통해 대장의 많은 부분과 그 주위 조직들을 잘라 내야 한다고 했다. 맹장 수술도 너무 고통스러웠는데 다시 수술해야 한다니, 그것도 주위 조직을 모두 도려내야 한다니! 그러면 그것으로 암은 끝나는 것인지, 재발하는 것은 아닌지를 물었더니 보장할 수 없다는 답변이 돌아왔다. 자기는 의사로서 최대한 확률을 줄이는 일을 해야 한다고 했다. 이게 무슨 소리인가! 당하는 입장에서는 난감하기 짝이 없는 말이었다.

하여간 암 환자가 되었다. 죽음이 아주 구체적으로 다가와 있었다. 죽는 것이 두렵지는 않았다. 모든 수고와 짐을 내려놓고 아버지 품에 안기는 것보다 더 큰 기쁨과 영광은 없다. 두려운 것은, 병자의 신분으로 가족들을 괴롭히면서 사는 것도, 죽는 것도 아닌 상태로 스러져 가는 것이었다. 그리 된다면 교인들에게 목사로서 본이 될 수 없을 것 같았다.

그동안 병자들에게 믿음을 가지라고 설교했었다. 그들을 위해 기도하며 믿음으로 병이 낫는 것도 많이 보았다. 그러나 이제는 내가 병자요, 암 환자였다. 그런데 "암입니다"라는 말을 듣는 순간, 믿음이 완전히 사라졌다. 신기한 경험이었다. 믿음이 손톱만큼도 없었다. 누구나 잘 나갈 때는 하나님께 감사하고 기뻐하며 믿는다. 그 당시야말로 믿음이 필요한 때였다. 그런데 전혀 믿음이 없었다. 아무리 믿으려고 해도 도무지 믿어지지가 않았다. 모래 위에 물을 부은 것처럼 흔적도 없었다. 확신 대신 두려움만 충만했다.

이를 통해 깨달았다. 우리의 믿음은 물 한 컵 수준이라는 것을 말이다. 그것으로 구원받고 험한 세상을 살아가기에는 너무 부족하다. 암 선고를 받고 나니 잘 박힌 못처럼 암 생각이 떠나지를 않았다. 아침이건 저녁이건, 꿈속에서도 암은 나를 강력하게 장악했다. 예수의 치유는 개념뿐이고, 가장 확실한 현실은 암 환자였다. 무엇보다 필요한 것이 믿음인데, 나에게는 확실하게 없었다.

'위대한 다윗은 어떻게 믿음을 얻고 유지했던가?'

순간 그의 외침이 떠올랐다.

'시편을 읽자!'

나는 시편 18편을 폈다.

"사망의 줄이 나를 얽고 불의의 창수가 나를 두렵게 하였으며 스올의 줄이 나를 두르고 사망의 올무가 내게 이르렀도다"(시 18:4-5).

내 상황 그대로였다. 다윗도 사울왕이 원수가 되어 덤비기에 죽음 앞에 노출되어 있음을 느꼈던 것이다. 그래서 그가 어찌했던가?

"내가 환난 중에서 여호와께 아뢰며 나의 하나님께 부르짖었더니 그가 그의 성전에서 내 소리를 들으심이여 그의 앞에서 나의 부르짖음이 그의 귀에 들렸도다"(시 18:6).

내 부르짖음도 하나님께 들릴 것이었다. 그 결과가 무엇이었는가?

"이에 땅이 진동하고 산들의 터도 요동하였으니 그의 진노로 말미암음이로다"(시 18:7).

하나님이 진노하며 부르짖으시는 모습이 눈에 선했다.

"어느 놈이 내 아들을, 내 종을 괴롭히느냐!"

이 내용이 내 마음에 남아 있어야만 했다. 그래서 시편 18편 전체를 암송하기 시작했다. 사실상 그때까지 한 장 전체를 암송하는 성경은 없었다. 단지 몇 구절 암송이 전부였다. 이제는 그럴 수 없었다. 토씨 하나까지 틀리지 않기 위해서 계속 읽으면서 암송했다. 그러면서 그 내용이 마음에 그림처럼 남기 시작했다.

그런데 이상한 일이 일어났다. 전혀 새로운 경험을 하게 된 것이다. 지금까지는 없었던, 가지려 해도 가질 수 없었던 아주 확실한 믿음이 일어난 것이다. 지금까지는 나의 믿음으로 믿어 보려고 했다. 나의 믿음은 언제나 의심과 함께 있었다. 그러나 정말로 신기했다. 이제는 내 것이 아닌 하나님의 믿음이 속에서부터 솟아 나왔다. 말씀이 하나님의 믿음을 준 것이다. 정말로 믿음은 말씀으로 말미암았다.

내친김에 16편, 13편, 23편, 2편, 1편 등 읽다가 마음에 들면 무조건 암송했다. 빌립보서는 전체를 암송했다. 지금까지 느껴 볼 수 없었던 강한 믿음으로 충만해졌다. 더 이상 암이 두렵지 않았다. 예수께서 확실히 담당하셨다. 그뿐 아니라 암으로 죽는다 해도 나는 당당할 수 있었다. 이미 병보다 큰 사람으로 일어났기 때문이다.

그렇다. 상황이 바뀌면 내가 좋아지거나, 암이 사라지면 내가 사는 것이 아니다. 내가 먼저 믿음으로 살아야 한다. 그러면 그 힘으로 상황을 바꾼다. 병뿐 아니라 무엇이든 극복할 수 있다. 이 믿음은 하나님으로부터 오는 하나님의 믿음이다. 이 믿음 안에서 참으로 자유를 얻었다. 마음이 평안해지고 힘이 나기 시작했다.

# 하나님의 믿음

믿음이라고 다 같은 믿음이 아니다. 친구나 부부 사이의 믿음은 세상을 살아가는 데 필요한 정도다. 그러나 하나님을 믿으려면 하나님이 믿음을 주셔야 한다. 인간 수준의 믿음과 하나님 수준의 믿음은 처음부터 차원이 다르다.

세상에서 잘 나갈 때는 하나님도 믿고, 기도 내용도 믿는다. 하지만 망하는 지점에 이르거나 죽음이 눈앞에 있으면 믿음은 사라지고 현실만 남는다. 믿음이 정말 필요한데 믿음이 없다. 어디 믿음뿐일까? 사랑도, 인내도 그렇다. 정말 사랑이 필요할 때는 사랑이 없다. 정말 인내가 요구될 때는 참을 수가 없다. 한마디로 인간의 실력은 모두가 그렇다. 물 한 컵 수준에 불과하다. 분명히 있는 것 같아도 조금만 지나면 없어진다.

의사가 암이라고 선언했다. 그러면서 재수술을 권했다. 맹장이 있던 주위를 전부 도려내야 한다고 했다. 한 번도 죽을 노릇인데 더 큰 수술을 또 하라니! 가족들은 물론, 보는 사람마다 다 재수술을 하라고 했다. 분위기가 완전히 그 방향으로 흘러갔다. 나도 다른 길이 없는 것처럼 생각되었다.

병명을 영어로 물어보고 구글에 들어가서 찾아보았다. 하버드 메디컬센터의 보고가 아주 좋았다. 139명의 맹장암이 복막에, 방광에, 난소에, 대장에 각각 전이된 경우의 예후가 있었다. 그러나 맹장에만 국한된 경우는 양성이라고 했다. 59명을 추적해 본 결과 아무도 다시 돌아온 이가 없었다고 했다. 그래서 의사에게 나의 경우는 맹장에만 국한된 것이 아닌지를 물었다. 그랬더니 맹장과 대장이 닿은 부분이 많이 부었다고 했다. 그러면서 대장에 전이된 증거가 아니겠냐고, 그러니 재수술을 해야 한다고 했다.

이제 어찌할 것인가? 의사의 말이 너무 강해서 믿음이 다시 다 사라져 버렸다. 인간의 믿음은 겨우 이 정도 수준이다. 기도해도 믿음이 일어나지 않았다. 그때 다윗의 시편을 암송하면서 하나님의 믿음을 받는 신비한 경험을 하게 되었다. 하나님의 말씀만이 하나님의 믿음을 주는 것이었다.

의사는 수술하고 6개월 뒤에 CT 촬영을 해서 확인해야 한다고 했다. 그 말을 듣고 의사에게 말했다.

"이 암은 급히 진행되는 종류가 아니니, 이대로 그냥 두고 3개월쯤 지나서 찍어 보는 것이 좋겠습니다. 그래서 암이 발견되면 수술을 합시다."

그러고는 교회로 돌아갔다. 똑같이 일하면서 더욱 열심히 성경을 암송했다. 해당 구절들이 그대로 하나님의 믿음을 공급했다. 전혀 흔들림이 없이 맡은 일을 해낼 수 있었다.

3개월이 되어 CT를 찍고 일주일 뒤에 의사를 만났다. 어떤 결과가 나올지 몰라 한 주간 불안했다. CT를 찍으면서 기사들에게 물었더니 무표정한 얼굴로 자기들은 모른다고 했다. 두려워지기 시작했다. 하지만 그대로 두려움에 잡힐 수 없어 말씀을 다시 암송했다.

"사망의 줄이 나를 얽고 불의의 창수가 나를 두렵게 하였으며 스올의 줄이 나를 두르고 사망의 올무가 내게 이르렀도다 내가 환난 중에서 여호와께 아뢰며 나의 하나님께 부르짖었더니 그가 그의 성전에서 내 소리를 들으심이여 그의 앞에서 나의 부르짖음이 그의 귀에 들렸도다 이에 땅이 진동하고 산들의 터도 요동하였으니 그의 진노로 말미암음이로다"(시 18:4-7).

하나님이 원수를 향해 대노하며 나를 빼앗아 안으시는 것이 느껴졌다. 의사를 만나는데 전혀 두려움이 없었다. 촬영 결과 모든 것이 정상이라며 6개월 뒤에 다시 검사하자고 했다.

나에게 이날은 새로운 생일이었다. 하나님께서 장기의 부은 부분을 해결하셨다. 그리고 새로운 세상을 열어 주셨다. 하나님 수준의 믿음을 갖게 하고 병을 고치셨다. 이제는 절대로 전과 같을 수 없었다. 아내가 강의를 마치고 돌아오자 함께 외식하며 축하했다. 감사의 예물을 드리며, 이제 다른 차원의 신앙 세계로 들어섰다.

며칠이 지나자 이 감정이 일상적인 것으로 변하려고 했다. 하지만 절대로 그럴 수 없었다. 계속 시편 18편을 암송하며 같은 감격을 반복했다. 전과 같은 세상에 있기를 거부했다. 계속 이 믿음으로 천국을 누려야 했다. 그리고 그 권능으로 감격의 삶을 살아야 했다.

분명한 것은 이것이다. 자신과 세상을 바꾸는 것은 하나님의 믿음이요, 그 믿음은 하나님의 말씀에서 온다.

3부

목회의 축은
복음이다

# 무엇이 목회인가

암으로부터의 치유는 신앙이 도약하는 계기가 되었다. 치유 전에는 목회자로서 지옥 같은 경험을 했다. 교인 수가 마구 줄어 가는데 해결할 길이 없었다. 그 상황을 2, 3년 경험하면서 받는 자괴감은 감당하기 어려웠다. 그 스트레스가 암을 주었는지도 모르겠다. 이제는 말씀을 통해서 하나님의 믿음을 가지게 되었다. 다시 말씀을 통해서 목회자로서의 나 자신을 살펴보았다.

성경에는 교회에 대한 말씀이 많이 나온다. 그러나 어떻게 교회와 건물을 크게 하는지에 대해서는 한마디도 없다. 성경을 아무리 뒤져도 교회 성장의 방법은 나오지 않는다. 심지어 바울이 제자 디모데에게 보내는 목회 서신에도 그런 말씀은 일언반구도 없다. 왜 없을까? 내 눈이 가려져서 못 보는 것이 아닐까 생각했었다.

그러나 하나님께서 새 세상을 보여 주셨다. 교회는 교인 수가 아니었다. 건물도 아니었다. 많은 사람이 교인 수나 건물을 교회로 생각하는데, 이것은 마치 옷을 사람이라고 보는 것과 같다. 사람이 많이 몰리면 좋은 교회인가? 음식점이나 가게는 손님이 많아야 좋다. 교회도 그런가? 물론 사람도 없고 썰렁하다면 좋은 교회일 수 없다. 하지만 숫자와 돈이 많은 것이 훌륭함의 조건인가? 소돔과 고모라도 그랬지만, 그곳 사람들은 저주만 받았다.

이렇게 되는 데는 목사들의 책임이 크다. 목회의 목적이 잘못되었기 때문이다. 모두가 큰 회사를 만들듯 큰 교회를 만들려고 한다. 그래서 하나님의 영광이 되는가? 아니다. 자기 욕심이다. 자기가 유명해지고, 권력자가 되고, 대우를 받는다. 하나님이 왜 그런 욕심을 위해서 힘을 쓰셔야 하는가? 평생 수고해도 하나님이 아닌 다른 목표를 향해 달릴 뿐이니 무슨 소용이 있는가!

"전도, 전도" 하지만 그것은 단지 교인 수를 늘리려는 욕심일 뿐이다. 평생 섬기는 것은 하나님과 하나님의 몸이 아니다. 교인 수요, 건물이요, 헌금 액수다. 이것이 이루어지지 않으면 마음의 병이 들어 열등감과 자괴감으로 보낸다. 이것이 목회인가? 그러면서도 하나님의 종이라고 할 수 있는가? 욕망의 종이요, 사람의 종이요, 돈의 종일 뿐이다.

장로나 중직자들이 스트레스를 많이 준다고 불평하는 목회자들이 있다. 당연하다. 그들이 어떻게 만들어졌는가? 여러 해 동안 자신의, 또는 전임자의 목회 철학대로 만들어졌다. 목회자를 잘 섬기라고 한다. 이것은 하나님의 일을 위해 하나님의 일꾼을 도우라는 말이다. 그러나 그대로 따라서 일을 하다 보면 단지 교인 수를 늘리고 건물을 크게 하는 도구로만 쓰일 뿐이다. 그래서 건물이 커지고 교인이 많아지면 대기업의 CEO처럼 재정을 마음대로 쓰고 권력을 휘두른다.

큰 교회일수록 재정이나 인사의 투명성이 없을 가능성이 크다. 양들을 위해서 희생하고 죽는 주 예수의 모습은 없다. 그러니 거기서 배운 것이 무엇이겠는가. 똑같은 방법으로 목회자를 대한다. 목회자는 교인 수를 늘리고 교회를 크게 하는 도구일 뿐이다. 나도 똑같은 병이 들어 교인 수와 건물 세우는 것을 하나님을 섬기는 일이라고 착각하고 있었다. 둘이 비슷한 것 같아도 하늘과 땅처럼 다름을 깨달았다.

목회자들이 무슨 병에 들었겠는가? 교인 수와 헌금 액수를 세는 병이다. 이 병은 절대로 떠나지 않는다. 아침부터 저녁까지 1년 내내 이 병에 사로잡혀 있다. 그러면서도 병인 줄을 모른다. 그것이 마음을 지옥으로 만들어 몸에 병도 주고, 가정불화도 주고, 인격적 결함도 준다. 이 귀신을 몰아내야 한다. 어느 목회자건 목회의 목적만 분명하게 고치면 교회도, 목회도 즉시 생명을 얻는다. 제대로 알고 마음만 변치 않는다면 교회의 머리 되신 주 예수께서 스스로 교회가 되도록 만드신다.

주께서 직접 갈릴리로 베드로를 찾아가 세 번이나 "나를 사랑하느냐"고 물은 뒤에 "내 양을 먹이라"라고 부탁하셨다. 이것이 목회다. 교회는 교인 수도, 건물도, 유명해지는 것도 중요한 것이 아니다. 주가 맡기시는 양을 돌보며 그들의 영혼과 삶이 생명을 얻고 더 풍성해지도록 먹이고 훈련시키는 일이다. 이 목적만 분명하다면 교인 수가 몇 명이건 걱정할 일이 아니다. 그것은 머리 되신 예수께서 하실 걱정이다. 우리는 양을 먹이면 된다. 그러면 주께서 당신의 양을 보내 주신다. 목회할 능력도 부어 주시고, 돈도 주신다. 실제로 이 믿음을 가지고부터 목회를 향한 마음이 안정되었다. 오직 주가 유명해지고 주가 높이 되는 일에만 몰두하기 바란다. 그것이 목회다.

# 문제보다 커야

목회에서 가장 힘든 부분이 무엇일까? 목사를 가장 괴롭게 하는 것은 돈도 아니요, 건물도 아니다. 대개가 인간관계다. 중직이라는 사람이 겨우 전도해서 데려다 놓은 새 신자에게 기분 나쁜 소리로 상처 받게 한다. 그 새 신자는 교회를 떠나 멀리멀리 가서 다시는 오지 않는다.

그런가 하면 부교역자들도 속을 썩인다. 일도 제대로 못하고 여러 가지 실수를 범해서 교인들에게 상처를 준다. 그런 사실을 와서 보고하는 교인들도 있다. 듣고 나면 속이 상한다. 그래도 함께 그가 좋은 목회자가 되도록 도와야 한다고 말해 준다.

더욱 힘들게 하는 사람은 장로들이라고 말하는 목회자가 많다. 장로는 당회원으로 목사와 함께 교회를 이끌어 가야 한다. 당회는 교회를 이끌어 가는 중추 기관이다. 그런데 당회를 하면서, 또는 이 사람, 저 사람에게 생각 없이 늘 하던 대로 말하고 행동한다. 이미 교회의 어른이 되어 있는데 누가 그를 고쳐 줄 것인가? 누가 그에게 충고를 해 줄 것인가? 목사에게도 마구 말하는 사람이 누구의 말을 듣겠는가?

물론 대부분의 당회원은 대체로 상당한 소양을 갖춘 분들이다. 그러나 한두 사람만 물을 흐리고 다녀도 전체 분위기가 나빠지고 만다. 그래서 늘 괴롭히는 장로가 목사의 마음을 지배하게 된다. 교회 밖을 나서도 그 장로의 생각은 절대 사라지지 않는다. 생각은 에너지다. 계속 그 사람을 생각하면 그에게 에너지를 빼앗기는 일이 된다. 힘이 빠진다. 그를 만나면 맥이 풀리면서 마음이 눌린다. 목회자라면 이런 대상이 한두 사람은 꼭 있기 마련이다.

사실 우리를 좋아하고, 위해 주고, 사랑하는 사람이 훨씬 많다. 그런데도 그들의 힘을 얻지 못하고 우리를 괴롭히는 사람을 향해 힘을 다 쏟아 버리게 된다. 나도 처음부터 끝까지 계속 이런 대상이 있었다. 그는 교회를 위해서 양심적으로 행하고 있다고 믿을 것이다. 그러나 자신의 언어나 행동이 목사를 얼마나 고통스럽게 하고 교회에 그림자를 드리우는지를 전혀 이해하지 못하고 있다.

누구를 비판할 때는 반드시 대안이 있어야 한다. 키 작은 사람을 키가 작다고 혼낸다 해서 도움이 되지 않는다. 목회자에게도 약한 부분이 있다. 그것을 집요하게 물고 늘어지면 무슨 도움이 되겠는가? 장로쯤 되었으면 자신이 그 약점을 메워 주어야 하지 않겠는가! 그랬다면 오늘날 교회에 무슨 문제가 있겠는가! 하지만 여전히 자신의 부족함은 전혀 생각하지 않고 목회자만 비난한다.

이처럼 고통은 인간에게서 온다. 인간이 주는 고통을 극복하지 못한다면 목회는 힘을 잃는다. 대개는 상대방을 고쳐서 자신이 편해지는 방법을 취한다. 괴롭히는 대상을 피하든지, 벌을 준다. 다른 사람을 통해 달래거나 혼낸다. 심지어는 부흥회 강사를 통해서 그러지 말라고 설교한다. 그러나 이런 것은 해결이 될 수 없다. 표범이 몸의 점을 없앨 수 없는 것처럼, 그 사람도 변하지 않는다.

목회자는 상황이 어떠하든 그 상황보다 자신을 크게 해야 한다. 괴롭히는 대상들보다 자신이 믿음으로나 인격으로나 커야 한다. 그러면 괴로움을 덜 느끼게 된다. 그 크는 방법이 신앙이요, 하나님의 힘이다. 바울은 수없이 맞고, 굶고, 속고, 억울한 일을 당하고, 감옥에 갇혔다. 그러나 그럴수록 하나님을 더 의지하여 커졌다. 그래서 수없이 기적을 경험하며 자신의 목회를 아름답게 세워 갔다. 이처럼 시련은 목회자를 세운다. 어떻게 그런 일이 가능한가?

"믿음의 주요 또 온전하게 하시는 이인 예수를 바라보자 그는 그 앞에 있는 기쁨을 위하여 십자가를 참으사 부끄러움을 개의치 아니하시더니 하나님 보좌 우편에 앉으셨느니라"(히 12:2).

예수는 기쁨을 바라보고 십자가와 부끄러움을 극복하셨다. 고통을 주는 대상만 본다면 절대로 극복하지 못한다. 그러나 우리의 죄성은 언제나 자동으로 문제나 괴롭히는 대상만을 본다.

예수께서 지옥까지 이기고 나오심은 당신을 위한 것이 아니었다. 우리를 위한 것이었다. 그러므로 우리의 눈을 문제나 고통을 주는 대상에서 돌려 믿음의 주요, 온전하게 하시는 예수께 고정시켜야 한다. 예수께 마음을 집중하고, 그분의 도우심을 믿고 의지해야 한다. 한순간 그러고 마는 것이 아니다. 그냥 있으면 자동으로 고통 거리만 보게 되니, 마음을 정하고 계속 그렇게 하기 바란다. 그래야 나는 강해지고, 문제나 고통거리는 작아진다.

# 시련을 즐기라

목회자는 교회의 외형이 커지기를 간절히 바란다. 교인이 많아지고 건물이 커지기를 소원한다. 그래서 자신이 큰 목사가 되려고 한다. 물론 목회자는 그대로인데 사람이 많아지고 건물이 커지는 경우가 있다. 단지 그 지역이 발전하고 아파트가 많이 들어서는 경우가 그렇다. 그래서 교회와 함께 목회자가 커지기도 한다. 그러나 이런 행운은 별로 많지 않다. 어떻게 해야 교회의 외형이 커질 수 있을까?

하나님의 방법대로라면, 먼저 목회자가 커야 교회도 커진다. 큰다는 것은 여러 의미가 있다. 성경적 원리는, 목사가 성장하는 대로 교회도 그리되는 것이다. 다윗이 큰 사람이기에 따르는 용사가 많았지, 용사가 많아서 왕이 된 것이 아니다. 그렇다고 다윗이 처음부터 큰 사람은 아니었다. 하나님을 의지해서 자신을 크게 했다. 그래서 자신의 상황을 자신처럼 크게 만들었다. 그의 밑에는 그보다 더 강한 부하가 많았다.

교회 성장은 반드시 교인 수를 말하지 않는다. 하지만 제대로 된 교회라면 활발하고, 강하면서도 따뜻하다. 넘치는 은혜가 느껴진다. 교회는 반드시 담임목사를 닮는다. 목사가 바뀌어도 시간이 좀 흐르면 바뀐 목사를 닮아 간다. 그러므로 목사는 교회의 성장 못지않게 자신의 성장에 신경을 써야 한다. 자신이 성장해야 교회도 성장하기 때문이다. 뿐만 아니라, 그의 삶 전체가 함께 성장한다.

초보 목사였을 때는 목회 많이 한 목사들을 찾아다니며 배우려고 했다. 특히 은퇴한 분에게는 더욱 많은 것을 기대했다. 힘든 목회를 다 마치고 이제 하나님 앞에서 상 받을 일만 남지 않았는가! 그래서 찾아가 한 수 가르쳐 주시기를 부탁했다. 그러나 기대한 만큼 나오는 것이 없었다. 왜 그런가? 나중에야 알았다. 오래 산다고 경험이 다채로워지는 것은 아니었다. 언제나 같은 경험만을 반복했다. 은퇴한 분들도 거의 대부분 목회의 상처를 가지고 있었다.

목회는 하나님의 힘으로만 가능하다. 그러나 어떻게 하나님의 힘을 이용하는지 모른다. 그러다 보니 그냥 기도하고는 자기 힘으로 목회를 하려고 한다. 자기 힘으로 사람들을 설득하려 하고, 속상할 때는 자기 힘으로 수양해서 참으려고 한다. 일을 잘못 처리하면 후회하고, 자신을 욕하고, 비하한다. 이러다 보면 목회를 오래 할수록 마음은 상처로 가득하게 되고, 또한 그러한 일이 계속될 것을 걱정하게 된다.

인간의 뇌와 마음은 정보를 처리하고 결정하는 데 대단히 습관적이다. 이것은 뇌 연구에서 나온 보고다. 습관대로 하는 것이 쉽기 때문이다. 현재 목회가 고통스럽고 재미없다면 장래에도 같은 상황이 온다. 같은 문제를 경험하고, 같은 실수를 반복한다. 그러니까 오래 산다고 많은 경험을 하는 것이 아니다. 같은 경험을 반복하면서 살아간다. 어제의 일이 내일도 반복될 뿐이다.

해결하는 방법은 분명히 있다.

"그런즉 누구든지 그리스도 안에 있으면 새로운 피조물이라 이전 것은 지나갔으니 보라 새것이 되었도다"(고후 5:17).

그리스도를 의식하고 의지하면 새 피조물이라고 말씀한다.

"만일 너희 속에 하나님의 영이 거하시면 너희가 육신에 있지 아니하고 영에 있나니 누구든지 그리스도의 영이 없으면 그리스도의 사람이 아니라"(롬 8:9).

우리는 그리스도의 영으로 새 피조물이 되었음을 믿고 주장해야 한다. 복음대로 하면 보통 사람이 아니다. 하나님의 영이 우리 속에 있기에 우리가 영의 사람이 되었다. 그러므로 우리에게는 영의 삶을 살 힘이 있다. 이 사실을 믿고 주장하면 된다. 영의 사람은 육신의 한계를 넘어선다. 하나님의 영의 인도와 도움을 받기 때문이다. 성경에 나오는 위대한 선배들이 그러했다. 그러므로 마음으로 믿어지지 않아도 말씀대로 주장하면서 삶을 거기에 맞추려고 해야 한다. 습관적으로 저절로 되게 해야 한다.

하나님을 의식하고 의지하면서 무슨 일이든 하기 바란다. 다윗의 경우를 보면, 여호와가 자신의 목자이기에 부족함이 없다고 선언하면서 아무리 상황이 나빠도 푸른 풀밭과 쉴 만한 물가로 인도하고 계신다고 주장한다. 사망의 음침한 골짜기에서 주의 지팡이와 막대기가 돌보고 있다고 선언한다. 실제로 지팡이와 막대기를 보면서 말하는 것이 아니다. 아무것도 안 보여도 그렇다고 주장하는 것이다. 누구에게 말인가? 자기 자신에게다.

영에 속한 사람은 영의 세계가 안 보여도 믿고 행동한다. 조금 걱정되고 두려워도 여전히 하나님이 함께하신다고 자신과 주위 사람에게 말한다. 그러면 그 믿음에 상응하는 일이 전개된다. 일이 훨씬 쉽게 펼쳐진다. 사실 영적으로 보면 말씀은 그대로 사실이다. 말씀대로 하면 주를 의지하기에 우리가 훨씬 큰 존재가 된다. 우리 스스로 크는 것이 아니다. 하나님을 모셨기에 큰 것이다.

만약 그런데도 힘든 일이 계속되면 어떻게 해야 할까? 여전히 영적 자신을 주장하며 감사로 받아야 한다. 바울이 그랬다. 굶고, 매 맞고, 감옥에 들어가기를 수없이 반복하는 가운데 악한 형제들이 방해하고 고소하고 속여도, 심지어 삶의 소망조차 끊어져도, 그럴수록 더욱 감사했다. 이 썩어질 존재가 영원하신 주를 위해 고난을 당하다니, 얼마나 큰 영광인가. 물론 쉬운 일은 아니다. 하지만 복음대로 마음을 밝히고 나가면 된다.

교회 일이 힘들수록 빌립보 감옥의 바울처럼 해야 한다. 바울은 매 맞고 묶여서도 찬양했다. 이것이 바로 기적이 일어나는 길이다. 그렇다고 내가 항상 그렇게 했다는 말은 아니다. 못한 경우가 더 많고, 더 괴로워했다. 그런데도 주께서는 풍성한 열매를 주셨다. 참으로 염치가 없다. 주님은 너무도 자비하고 풍성하신 분이다. 그러니 좀 잘못했어도 낙심하지 말고 다시 도전하기 바란다. 시련이 올수록 더욱 기뻐하기 바란다. 반드시 상이 온다.

# 모두 내 탓이오

목사로서 가져야 할 기본자세는, 잘되면 주께 감사하며 영광 돌리고, 잘 안 되면 모두 자신의 탓으로 돌리는 것이다. 하나님의 힘으로 하지 않았기 때문이다. 물론 반대로 하는 이도 많다. 잘되면 교만하고, 안 되면 남 탓을 한다. 또한 행복은 자신의 훌륭함 때문이고, 불행은 남 때문이다. 교회 중직이 괴롭힌다면, 그 사람만 없으면 해결되는가? 부서를 맡은 사람이 일을 하지 않는다면, 또는 전도사와 부목사가 잘못해서 부서가 엉망이 되고 있다면, 그 사람 때문인가?

누구나 유능한 일꾼이 와서 일으키기를 원한다. 돈 많은 교인이 와서 헌금 많이 하고 그저 열심히 섬기기만을 원하고, 능력 있는 부교역자가 와서 청년부를 크게 일으키기를 바란다. 그런데 실제는 반대다. 십일조 내는 사람도 몇 되지 않는다. 지역이 나쁜가? 사람들 수준이 안 좋은가? 그렇다고 말하는 사람을 많이 만난다. 나 역시 그런 과정을 많이 겪었다. 인간의 본성은 다 비슷하다.

그러나 믿음의 눈으로 보면 분명하다. 개교회의 문제는 담임목사의 책임이다. 못된 장로나 권사 때문이 아니다. 잘못하는 부교역자 때문도 아니다. 교인은 담임목사의 수준으로 만들어진다. 또한 교회는 담임목사의 모습대로 만들어진다. 목회를 오래 하고 여러 교회를 본 결과 이런 결론이 나왔다. 그만큼 담임목사는 중요하다.

괴롭히는 교인을 쫓아내면 괴롭히는 또 다른 사람이 온다. 삶은 영적이다. 실패나 번영의 이유를 단지 세상적인 이유에서만 찾으면 안 된다. 목사가 은혜 받는 만큼 교회가 된다. 목사가 행복한 만큼 교회도 행복해지고, 목사가 믿는 만큼 교회도 잘된다. 좋은 부교역자나 중직이 그 분야를 잘해 줄 것으로 생각하지 마라. 잘못하는 사람이 오는 것도 모두 우리의 책임이요, 그릇이요, 믿음대로다.

그러므로 목사는 무엇보다도 자기 자신을 바로잡고 키워야 한다. 목사가 바로 되어야 교회도 바로 되고, 목사가 커야 교회도 크고, 목사가 은혜 받아야 교회도 그렇다. 요셉이 주인의 눈에 잘 보여서 잘 풀리고 높은 사람이 되었는가? 내면의 믿음이 상황을 바꾸어 놓았다. 감옥에 들어갔을 때 술 맡은 관원장이 그를 빼내 주었다면 평생 그 사람에게 신세를 갚으며 살아야 했을 것이다. 정신적 노예가 되는 것이다. 하지만 감옥에 있건, 매를 맞건, 자유롭건 그의 삶의 능력은 하나님에게서 나왔다. 그로 인해 상황이 무엇이든 다 극복하게 되었다.

이렇게 이야기하면 많은 사람이 무슨 옛날이야기 듣는 것처럼 상투적인 설교로 받아들일 뿐, 자신에게 적용할 생각은 전혀 하지 않는다. 그런 것은 요셉이나 바울처럼 특별히 은혜 받은 사람에게나 해당하는 삶이라고 여긴다. 그래서 기도원에 가서 금식하며 기도해야 한다고 생각한다. 그러나 그러기도 쉽지 않다. 또한 그런다고 달라지는 것도 아니다. 그냥 성경의 모든 내용을 그대로 내 것이라고 믿고 받아야 한다.

상황이 열악하다. 교인도, 건물도, 돈도 없다. 있는 교인들은 다른 교회로 간다고 속을 썩이고, 중직들은 문제만 만든다. 마치 노예 처지의 요셉처럼, 왕의 원수로 도망 다니는 다윗처럼, 빈손으로 처음 보는 장소에 전도하러 가는 바울처럼 모든 것이 힘들다. 그러다 보니 문제는 아주 현실이고, 말씀은 전혀 비현실로 느껴진다. 상태가 이렇다면 이 세상을 탈출하라. 지금 여기 함께 있는 영적 세상, 크고 강하고 밝은 세상을 선택해야 한다. 신자로서 평생 도전할 삶이다. 그래야 요셉도 되고, 바울도 될 수 있다.

적어도 이 시간에 우리와 함께 계시며 도우시는 하나님을 선택할 수는 있다. 그분을 믿고 감사할 수 있다. 즐거워할 수 있다. '웨스트민스터 신앙 고백' 소요리 문답 1조는 그렇게 하는 것이 사람의 제일 되는 목적이라고 말한다. 하나님을 영화롭게 하고 그분을 영원토록 즐거워하는 것이다. 하나님을 즐거워하지 않으면서 영화롭게 할 방법은 없다. 우리의 힘으로 천천만만의 예물을 드려도 영적이지 않다.

그분을 즐거워하라. 그러면 어떤 상황도 극복할 수 있다. 형편이 아무리 나빠도 노예도 아니고, 도망자도 아니다. 바울처럼 빈털터리라도 그것은 겉모습일 뿐이다. 하나님이 함께 걸으시는데 그분을 즐거워해야 하지 않겠는가. 아이처럼 기뻐하고 감사하며 도전해 보라. 계속 그리하라. 나도 그렇게 하도록 평생을 노력했다. 이것이 목회의 제일 되는 목적이요, 방법이기도 하다.

# 복음과 행동

복음은 무슨 일을 하나님께 해 드리라고 하지 않는다. 오히려 반대다. 하나님이 이런저런 일을 하셨으니 받으라고 한다. 그대로 믿고 삶에 적용하면 그 놀라운 일이 모두 우리의 것이 된다. 무엇보다 먼저 하나님께서 예수 그리스도를 통해 하나님만의 의, 곧 하나님 당신의 완전한 의를 주신다.

이때 하나님 수준의 의를 얻기 위해서는 아무것도 하면 안 된다. 단지 그 의를 가지고 오시는 예수를 받아들여야 한다. 그러면 예수가 가져오신 하나님의 의가 우리의 것이 된다. 그래서 순식간에 천국 수준의 의를 가진 존재로 인정된다. 우리가 하나님만의 의로 하나님 수준의 의인이 되는 것이다. 하지만 쉽게 믿어지지 않는다. 그래서 관심 없이 넘어가면 효력이 나오지 않는다. 어색하고 말도 안 되지만, 말씀대로 믿고 받아야 한다. 그래서 그대로 주장해야 한다. 그러면 약속대로 완전한 의인이 된다. 그리고 의의 능력이 나온다.

이 놀라운 진리는 다른 종교에서는 찾을 수 없다. 가톨릭에도 없다. 오직 개신교 신앙에만 있는 근본적인 진리다. 이 교리 하나로 종교 개혁이 성공했다. 그 내용을 믿을 때 그 놀라운 능력이 나온다. 개신교의 구원은 너무도 쉽다. 예수를 영접하면 예수의 생명을 함께 받는다. 그래서 구원을 받는다. 살아 있는 영원한 생명을 받는 것이다. 그리고 하나님 수준의 의를 받는다. 다 공짜다.

그와 함께 예수께서 가지고 오신 모든 복도 함께 받는다. 죄의 용서, 영원한 생명, 보호와 인도, 풍요로운 삶, 은사, 부활 등은 오직 예수 안에만 있다. 그래서 예수를 받아 한 몸이 되면 다 우리의 것이 된다. 다른 종교에서는 평생 수도해도 안 되는 복들이 즉시 부어진다. 값을 내는 것이 아니다. 그냥 받고, 믿고, 적용하면 된다.

그러나 신자 대부분이 이 복된 소식을 들어도 이해를 못 한다. 그냥 의롭다는 소리만 듣고는 하고 싶은 대로 다 한다고 말한다. 실제로 그런 사람을 보았다. 변호사가 전부 거짓말로 변론을 한다. 그런데 교회 장로란다. 어떻게 신자가 그럴 수 있느냐고 물었더니 대답이 더 기가 막혔다.

"행위가 아니라 믿음으로만 구원을 받으니 아무 상관이 없습니다."

모진 고난을 받고 십자가에 달리신 예수께서 들으면 땅을 칠 이야기다. 그러니 많은 사람이, 심지어 신학자들도 칭의를 '싸구려 복음'이라고 부른다. 사실상 그런 사람은 믿음으로 의로워진 것이 아니다. 믿음은 영적 능력을 준다. 예수로 인해 의로워졌음을 믿으면 의의 능력이 나온다. 이 능력은 세상의 수준을 넘어선다. 원수를 축복할 수 있는 마음과 힘이다.

이처럼 믿음은 능력을 동반한다. 사도의 말씀대로다.

"하나님의 나라는 말에 있지 아니하고 오직 능력에 있음이라"(고전 4:20).

예수를 영접하고 믿음으로 의로워진 다음에 우리의 힘을 다해서 착한 일을 하는 것이 아니다. 칭의의 믿음은 우리를 하나님의 자녀로 만들어 준다. 영적 실제다. 그러나 그 효력은 자동으로 되는 것이 아니다. 믿음으로 받아야만 구원의 기쁨과 능력을 경험한다. 의로워진 사람이 예수께서 힘을 주신다고 믿어야 의의 능력을 발한다. 세상 사람의 눈으로 보면 어설픈 행동일지라도, 예수와 함께한다면 영적이요, 그것이 선행이다.

복음을 믿으면 율법이 폐해지는가? 절대로 아니다. 율법은 하나님의 뜻이다. "너는 나 외에는 다른 신들을 네게 두지 말라"(출 20:3)라는 이 첫 번째 계명만 해도 자기 힘으로 할 수 있는 사람은 없다. 하나님만 섬기겠다고 결심해도 어느새 세상 것들을 섬기고 있다. 안 그러는 사람은 존재하지 않는다. 자기 재산을 다 바치고 목숨을 내놓아도 믿음 없이 한 것은 육신일 뿐이다. 영적이고 영원한 가치가 없다.

오직 예수를 영혼에 모셔서 새로 태어난 사람 그리고 그 사실을 믿고 예수를 의지해 행동하는 사람만이 영적이다. 하나님은 예수와 함께하는 행동만을 선행으로 인정하신다. 세상의 눈에는 차이가 없어 보여도 그것만이 영적이요, 영원한 가치가 있다. 예수 없이 행한 선은 육신이요, 그림자의 선이다. 신자라도 예수를 의지하지 않고 행한 선은 불신자의 것과 다를 바가 없다. 믿음으로 행한 것만이 진정한 선이다.

예수를 모심으로 하나님의 의를 받았음을 믿기 바란다. 그 믿음이 우리를 영적 존재로 만들어 준다. 그리고 그 사실을 믿고 의를 행하기 바란다. 그러면 하나님이 인정하시는 의를 행할 수 있다. 세상 사람들 눈에는 부족해도, 하나님은 예수를 보고 완전하게 받아 주신다. 얼마나 감사한가. 구원도, 선행도 모두 예수의 힘으로만 가능하다. 그렇게 한다면 아무도 우리를 부족하다고 비판할 수 없다.

예수를 영접하고 의지하는 사람은 이미 천국 백성이요, 하나님의 자녀다. 예수를 믿으면서 악을 행한다고? 절대로 그럴 수 없다. 악을 행하는 사람은 모두 예수 밖에 있다. 하나님이 완전한 의를 주고 의롭게 여겨 주심을 믿는다면, 우리는 그 능력으로 산다. 영적이다. 그러므로 성경은 말씀한다.

"오직 의인은 믿음으로 말미암아 살리라"(롬 1:17).

목회도, 가정일도, 세상을 향한 도전도 의인이 되었음을 믿어야 영적 차원이다.

# 소문보다 하나님을 믿으라

목회의 문제 가운데 가장 무서운 것은 나쁜 소문이다. 누군가 과장해서 말을 하기 때문이다. 무책임한 말들이 폭탄처럼 연속적으로 교회를 흔들어 댄다. 함부로 하는 말은 파괴력이 강하다. 초창기에는 그러한 말들에 휘둘렸다. 특히 목회자와 함께 사는 배우자는 영향이 더 크다. 어디서 들은 이야기를 마구 해 대면 목회자는 엄청난 충격을 받게 된다. 그러므로 목회자의 배우자는 목회에 관한 한 말을 아껴야 한다.

악한 소문은 우리를 두렵고 불안하게 한다. 심하면 잠도 못 자고, 결국 스트레스로 쓰러지게 만든다. 간혹 소문을 해결하려는 노력이 인위적인 방법을 쓰게 한다. 여기저기 전화를 하거나 이 사람, 저 사람 붙잡고 하소연해서 안정시키려고 한다. 그러나 그것이 문제를 더욱 확대시키는 경우가 허다하다. 그것보다는 하나님을 더욱 붙잡고 하나님이 해결해 주시기를 기도하는 것이 최고다. 이것도 영적 활동이기 때문이다.

나도 목회 초기에는 사람들의 말에 휘둘렸다. 강하게 말하는 사람들의 이야기를 들으면 교회가 곧 망할 것 같다. 말의 과장이 심하기에 거기에 맞추다 보면 정신을 차릴 수가 없다. 실상 그 내용이 그들에게는 심각할 수 있다. 그들이 보기에는 큰일일 수 있다. 하지만 조금만 뒤로 물러서서 보면 그렇게 큰일도, 죽을 일도 아니다.

절대로 한두 사람의 말만 듣고 판단해서는 안 된다. 어떤 무서운 이야기를 들으면 두려워하고 불안해하기 전에 그것이 사실인지 몇 단계를 거쳐서 객관적으로 확인해야 한다. 육하원칙을 따라서 들은 내용을 써 보면 좋다. 대부분의 경우는 증거 없이 말하는 사람의 감정적인 느낌인 경우가 많다. 절대로 큰일이 아니다.

민감한 사람은 무슨 말을 들으면 누가 말했는지 여기저기 전화해서 알아내려고 한다. 그리고 따진다. 사람은 누구나 남에 대해서는 관심이 없다. 반면에 자신이 관련되면 날카로워진다. 만약 보통인 5 정도의 말이 자신과 관련이 안 되면 1이나 2 정도로 받고 잊어버린다. 하지만 자신이 관련되면 9나 10 정도로 증폭시켜서 받는다. 그래서 벌집을 쑤신 것처럼 난리가 벌어진다.

이때 목회자가 말을 조심하지 않으면 더욱 증폭이 일어나게 된다. 목사님이 그렇게 말했다고 하면서 말을 전한다. 그러면 한 자릿수가 아니라 두 자리, 세 자리로 확대될 수도 있다. 목회자도 말을 실수할 때가 얼마든지 있다. 그러면 솔직하게 "내가 잘못 말했다"라든지, "잘 모르고 실수했다"라고 고백해야 한다. 그러면 훨씬 감정이 가라앉는다. 하지만 그러지 않았다고 계속 변명하면, 그 과정에서 더욱 말실수가 일어난다. 거기서라도 다시 사과하고 주의하겠다고 해야 하는데 계속 다른 말을 한다. 그러면 이제는 어찌할 수 없는 상황이 된다.

목회자도 얼마든지 잘못할 수 있다. 그럴 때는 빨리 사과하는 것이 정답이다. 사과도 가볍게 하면 안 된다. 진정으로 해야 한다. 그렇게 목회하다 보면 말을 조심하고, 꼭 필요한 말만 하는 훈련이 저절로 된다.

그러나 교인들끼리의 문제는 계속 일어난다. 누구의 잘못도 아닌 사고도 계속 일어난다. 그럴 때마다 마음이 졸아들며 엄청난 스트레스가 온다. 이 스트레스를 해결하지 못하면 그대로 몸에 쌓이고, 결국에는 병으로 나타나게 된다. 그러니 스스로 훈련하고 실력을 쌓기보다 신앙의 자세를 확인하는 것이 더 급하고 중요하다. 바로 된 신앙의 자세가 스트레스보다 강한 믿음을 주고, 상황도 바로 열리게 만든다.

그러기 위해 가져야 할 마음의 자세가 있다. 목회자는 하나님으로부터 위임을 받아서 일하는 것이다. 그렇다면 하나님이 그 목회를 주관하시는 분이요, 담임목회자는 그 밑에서 일하는 부교역자가 된다. 따라서 먼저 하나님께 보고하고 어떻게 해야 할지를 물어보는 습관을 가져야 한다. 무슨 일이 일어나든지 담임목사이신 하나님께 먼저 보고해야 한다. 그분의 인도하심을 믿고 느끼면서 말이다. 그러면 그분이 늘 책임지신다. 우리는 우리의 할 일, 우리의 역할만 하면 된다. 교회를 부흥시키는 것은 담임인 하나님이 하실 일이다.

그러니 하나님께 일단 보고해 보라. 그리고 그분이 처리하신다는 사실을 자신에게 확인시키라. 그러면 마음이 훨씬 안정되면서 갈 길도, 할 일도 보인다. 대부분은 하나님께 맡기고 아무것도 안 하는 것이 제일 좋다.

기억하라. 목회자가 믿을 것은 이 사람, 저 사람, 이 말, 저 말이 아니다. 책임지고 돌본다고 약속하시는 하나님뿐이다.

# 복음적 삶이란

오늘날에는 설교가 거의 율법이다. 무슨 말인가? 그저 이것저것을 하라고 설교한다. '사랑하라. 봉사하라. 희생하라. 겸손하라. 인내하라.' 사실상 십계명을 일상의 용어로 바꾼 것이다.

율법을 말한 것이 잘못이라는 뜻은 아니다. 전혀 그렇지 않다. 성경은 분명히 율법을 말씀하고 있다. 구약 전체가 거의 율법이다. 그러나 성경은 동시에 말한다.

"율법대로 다 행해야 구원을 얻는다. 하지만 그대로 할 사람이 세상에는 없다."

율법은 마음에서부터 우러나와 그대로 행해야 천국에 들어갈 수 있다. 그러면서 아담 이후의 죄인들로서는 도저히 그 수준을 행할 수 없음을 명확하게 지적한다. 그래서 하나님께 도와달라고 부르짖게 만든다. 그런데 설교자 자신부터 할 수 없는 내용을 행하라고 설교하고 있다.

그러면 예수께서 오셨으니 달라진 것이 있는가? 복음서를 통해 예수께서 말씀하신다.

"내가 율법과 선지자를 폐하려 온 줄 아느냐? 강화시키고 완전하게 하려고 왔다."

그러고는 감당 못 할 수준을 말씀하신다.

"이성을 보고 음욕을 품으면 간음한 것이다. 남에게 욕을 하면 지옥에 들어간다. 눈이 죄를 범하면 눈을 빼고, 손이 죄를 범하면 손을 잘라라."

이대로 하면 의롭다고 남아날 사람이 어디 있겠는가! 이에 제자들이 놀라서 묻는다.

"그러면 누가 천국에 들어갈 수 있습니까?"

대답이 무엇인가?

"사람으로는 할 수 없다. 하나님만이 하신다."

하나님이 어떻게 하시는가?

"수고하고 무거운 짐 진 자들아, 다 내게로 와라. 내가 쉬게 해 주겠다. 너희가 감당 못 할 모든 짐을 내가 다 받았다. 십자가에서 그 모진 고난을 겪고, 지옥에 떨어지면서 값을 다 치렀다. 그러니 믿어라. 정말로 믿는다면 평안을 누린다."

죄와 형벌만 담당하신 것이 아니다. 당신을 영접하는 사람 속에 들어가 아예 한 몸이 되셨다. 근본을 바꾸어 주신 것이다.

"영접하는 자 곧 그 이름을 믿는 자들에게는 하나님의 자녀가 되는 권세를 주셨으니 이는 혈통으로나 육정으로나 사람의 뜻으로 나지 아니하고 오직 하나님께로부터 난 자들이니라"(요 1:12-13).

신자는 하나님이 다시 낳아 주셔서 하나님의 자녀의 권세를 가지고 있다. 이 사실을 믿어야 예수를 믿는 것이다.

율법을 마음에서 우러나와 지키려면 이 믿음을 가져야만 가능하다.

또한 그렇게 살아야 신자로서의 놀라운 삶이 펼쳐진다. 율법은 신자가 지켜야 할 삶의 기준이요, 복을 경험하는 방편이다. 칼빈은 율법을 말 타는 사람의 신발 뒤에 달린 박차로 비유했다. 말이 움직이고 달리게 하려면 그 박차로 자극을 주어야 한다. 신자에게 아름다운 삶을 살도록 자극하고 도전을 준다는 말이다.

예수 믿는 것이 무엇인가? 천국에 가는 것을 믿는 정도로는 너무 약하다. 하나님의 자녀의 신나는 삶을 살기 위해 항상 예수를 의지한다는 말이다.

"나를 믿는 자는 내가 하는 일을 그도 할 것이요 또한 그보다 큰일도 하리니"(요 14:12).

한마디로 예수처럼 사는 것이다. 우리의 힘으로 예수처럼 살 수 있는가? 그러면 다시 자기 힘으로 율법을 지키는 셈이 된다. 예수를 믿어야 한다. 즉, 예수를 의지해 그 힘으로 항상 예수처럼 살아야 한다.

예수께서 모든 병을 가져가셨다고 주장하고 부르짖어도 아픔이 그대로 있고 암이 계속 퍼져 나간다. 그러면 말씀 믿기를 포기하는가? 이 것은 세상 사람들의 사는 방법이다. 아직 완전한 치유의 결과가 눈에 보이지 않아도 마음으로 믿고 약함과 고통을 거부해야 한다. 끝까지 자유인으로, 건강한 사람으로 여기고 주장해야 한다. 이것이 믿음이다. 그러다가 죽더라도 믿음 편에 서리라 결심하는 것이 예수를 믿고 의지하는 것이다.

복음은 세상에 없는 세 가지 진리를 준다. 첫 번째로는, 하나님이 예수 그리스도를 통해 우리에게 해 주신 일을 선포한다. 두 번째로는, 그 결과 새롭게 변한 우리의 정체를 말해 준다. 세 번째로는, 그래서 우리가 어떤 일을 할 수 있고 해야 하는지를 말해 준다. 이때 첫 번째와 두 번째를 듣고 믿어야 세 번째가 가능하다. 그리고 세 번째까지 진행되어야 복음이 열매를 맺고, 우리가 복음을 믿는다는 사실이 증명된다.

세 번째 일은 다른 것이 아니다. 율법이다. 하나님 외에 다른 신을 두지 않는 것, 하나님만 경배하고 의지하는 것 그리고 세상 사람들을 모두 사랑하는 것이다. 그리고 매사에 하나님을 의지해서 하나님이 기뻐하시는 일을 하는 것이다. 또한 교회를 일으키고 많은 사람을 구원하는 일, 하나님의 이름을 높이는 일을 하는 것이다. 이와 같은 모든 훌륭한 일, 모든 선한 일은 하나님의 뜻인 율법의 세상적인 표현일 뿐이다.

첫 번째와 두 번째 원리 없이 그냥 우리의 힘으로 율법을 행한다면 육신이다. 온전하게 인정되지 못한다. 예배까지도 세상 사람의 의식으로 할 수 있다. 기도와 찬송을 포함한 모든 신앙 행위도 그렇다. 믿음으로 변화된 존재로서 행하지 않고 육신의 힘으로 행하는 모든 일은 선한 일까지도 영적 가치가 없다. 그러기에 성경은 믿음으로 하지 않은 모든 일을 다 죄라고 선언한다. 그냥 육신의 힘으로 하기 때문이다.

모든 재산과 목숨을 주어도 사랑이 없으면 소용이 없다고 한다. 이때의 사랑은 하나님의 능력으로 하는 아가페다. 억지로 하는 인간 수준의 사랑이 아니다. 모든 선한 일은 하나님을 의지해 그 힘으로 해야만 영적 수준이 된다. 하나님의 힘으로 된 것만 하나님께 영광을 돌린다. 우리의 힘으로 한 모든 것은 결국 우리의 영광일 뿐, 영적 가치가 전혀 없다.

# 복음의 말씀, 끝까지 잡으라

성경은 그대로 하나님의 말씀이다. 거기 기록된 것은 반드시 그대로 되어야 한다. 예수께서는 죽도록 매를 맞고 십자가에서 갖은 고통과 모욕을 당하면서 운명하셨다. 그러고는 지옥에 던져지셨다. 이 모든 과정은 우리의 죄를 당신의 것으로 가져가셨기에 일어난 일이다. 다른 말로 하면, 그렇게 해서 우리가 당할 형벌을 대신 당하신 것이다. 첫값이 객관적으로 명백하게 지불된 것이다.

그러기에 신자는 죄로부터 해방되었음을 믿는다. 그러니 여전히 죄의식이 있고 죄를 범한다고 해도 죄 사함을 주장해야 한다. 예수의 수난은 과거와 현재만이 아니라 미래의 죄까지도 해결하셨다. 이 사실을 믿고 주장해야 한다. 영적으로 신자는 죄에서 자유를 얻는다. 새로운 존재로 일어난다. 그 믿음이 실제로 죄를 극복할 능력을 제공한다. 믿음이 새사람을 만들고, 새로운 삶을 살게 만든다.

그렇다면 먹고사는 문제 그리고 병은 어떻게 할 것인가?

"그런즉 누구든지 그리스도 안에 있으면 새로운 피조물이라 이전 것은 지나갔으니 보라 새것이 되었도다"(고후 5:17).

전과 같은 사람, 보통 인간이 아니라 새사람이라고 말씀한다. 심지어 "너희는 택하신 족속이요 왕 같은 제사장들이요 거룩한 나라"(벧전 2:9)라고 말씀한다. 엄청난 내용의 선포다. 하나님의 사람이요, 왕이요, 제사장이요, 천국이다. 예수를 믿고 그분을 모신 우리가 그렇다는 말이다. 그렇다면 보통 사람들과는 비교가 안 되는 능력자요, 하나님이 돌보시고 돕는 존귀한 존재다. 그러나 이러한 엄청난 변화가 얼른 느껴지지 않는다. 믿어지지도 않는다. 상황이 좋게 열리고 다른 사람들이 기꺼이 그렇게 대해 준다면 금세 적응될 것이다. 하지만 아무것도 바뀌지 않은 채로 단지 성경 말씀만이 그러하다. 그러니 먹고살기, 삶의 문제, 질병은 모두 그대로 있다. 어쩌란 말인가?

대부분의 신자가 적용 부분에서 실패를 경험한다. 자신이 새로운 존재임을 느껴도 문제는 그대로 있다. 왕이고 제사장이라도 아무도 알아주지 않는다. 실력도 없다.

"내가 온 것은 양으로 생명을 얻게 하고 더 풍성히 얻게 하려는 것이라"(요 10:10).

우리가 맞을 채찍을 예수가 맞아 병이 그리로 갔다고 한다. 그러나 병도, 가난도 다 그대로 있다. 성경은 성경이요, 현실은 현실이다. 믿음을 가져 보아도 아무 변화가 없다. 그래서 금식 기도를 하는 사람, 능력자에게 가서 안수를 받으려고 한다. 병 고치는 은사가 있다면 사람들이 몰려든다. 그래서 성경 말씀은 그냥 참고로 가지고 있고, 특별한 능력자의 도움을 받으려고 한다. 결과적으로 자신의 신앙은 없고 다른 사람의 신앙을 의지하려고 한다. 성경의 내용은 그냥 참고 사항일 뿐이다.

분명히 하자. 하나님은 말씀이고, 말씀은 하나님이시다. 말씀이 믿어지지 않아도, 눈앞에 펼쳐지지 않아도 마음에 품고 나아가야 한다.

"천지는 없어지겠으나 내 말은 없어지지 아니하리라"(막 13:31).

그렇다면 말씀을 버리지 말라. 마음에 가지고 있으라. 그러면 그 말씀이 믿음을 준다.

이 믿음은 우리에게서 나와 하나님의 말씀을 믿는 것이 아니다. 그 말씀에서 나와 우리가 믿도록 만들어 준다. 이 믿음은 세상의 믿음도, 인간의 믿음도 아니요, 하나님의 믿음이다. 천지를 말씀으로 창조하신 그 믿음이다. 그러므로 우리에게 흔들리지 않는 믿음을 준다. 그 믿음을 가지고 나간다면 말씀은 반드시 열매를 준다. 그러니 믿어지지 않아도 마음에 품고 있으라. 그 빛이 마음을 비추고, 믿음을 일으킨다. 그 믿음이 몸도 건강하게 하고, 삶의 형편도 바꾸어 준다. 소원도 이루어 준다. 하나님의 약속대로다.

지금 당장 효과가 안 나타나도 말씀과 믿음을 유지하라. 그러면 된다. 목회도 그렇게 해야 한다. 일상생활도 그렇다. 마음에 말씀을 가지고 있으라. 피곤하고 무능하게 느껴지면 암송하고 기다리라.

"여호와를 앙망하는 자는 새 힘을 얻으리니 독수리가 날개 치며 올라감 같을 것이요 달음박질하여도 곤비하지 아니하겠고 걸어가도 피곤하지 아니하리로다"(사 40:31).

이 말씀대로 이루어질 것을 기대하며 말씀을 품고 나아가라. 아무리 심한 피로도, 스트레스도 시간이 지나면 사라진다. 이처럼 말씀과 믿음을 실생활에 적용하라. 목회야말로 더욱 그렇다.

# 은퇴를 결심하다

목회의 목적은 무엇인가? 사도 바울이 명확하게 말했다.

"살든지 죽든지 내 몸에서 그리스도가 존귀하게 되게 하려 하나니"(빌 1:20).

우리가 유명해지고 존경받는 것이 아니다. 예수가 그렇게 되어야 한다. 그러기 위해서는 "하나님의 성령으로 봉사하며 그리스도 예수로 자랑하고 육체를 신뢰하지 아니하는"(빌 3:3) 목회 사역이어야 한다. 하나님을 위해서 하나님의 목회를 하되, 하나님의 힘으로 하는 것이다. 그러면 아무것도 두려워할 것이 없다. 하나님이 능력을 주시고, 상황도 만드신다. 만약 고생이 오면 더 감사할 일이다. 그것이 더 오래가면 더욱 감사해야 한다. 왜 그런가? 이 썩어질 육체를 최상으로 사용할 방법이 바로 그것이기 때문이다. 영원한 상급이 있고, 이 땅에서도 백배를 받는다고 하셨다. 이보다 더한 영광은 없다.

이제 교인 수와 헌금이나 세고 그들이 무슨 말을 하는지에 마음을 쓰느라 시간을 보내는 일은 없어야 한다. 그런 것들은 영원한 상급과 아무 상관이 없다. 하나님 앞에 섰을 때 얼마나 큰 교회를 운영했는지,

얼마나 유명했는지는 전혀 평가 대상이 아니다. 사도 바울처럼 얼마나 주의 이름이 영광을 받게 했는지, 그러기 위해서 얼마나 자신의 육신적인 힘이 아니라 하나님의 힘으로 목회했는지가 기준이 될 것이다.

이 생각에 집중한다면 목회를 잘해야 한다는 압박은 즉시 사라진다. 그러면서 오히려 양들을 더 사랑하며 그들의 영혼과 삶의 유익을 도모하게 된다. 그러다 보니 나의 경우 교인 수와 헌금과 사람들 눈치 보는 일은 중단되었다. 그 대신 더욱 큰 사랑과 기쁨으로 목회에 집중하기 시작했다. 스트레스는 줄고, 평안은 강하게 유지되었다.

그리스도는 평안의 왕이요, 평안 그 자체이시다. 그 평안은 괴롭히는 사람이나 전쟁이 없을 때 오지 않는다. 그것은 세상적 또는 사전적인 설명이다. 즉 평안은 "걱정이나 탈이 없음"이고, 평화는 "전쟁, 분쟁 또는 일체의 갈등이 없이 평온함"이다(표준국어대사전). 평안과 평화 또는 평강, 안녕, 화평 모두가 히브리어, 헬라어, 영어로는 다 같다. 그중 히브리어로는 '샬롬'이다. 샬롬은 그렇게 수동적이지 않다. 능력이다.

예수는 문제가 있건, 누가 괴롭히건, 전쟁이 나건, 산이 덮치건 상관 없이 그것들을 넘어서는 신이요, 능력 자체이시다. 풍랑 가운데서도 편안히 주무시는 권능이다. 십자가에 못 박힌 가운데 그 고통과 모욕 속에서도 흔들리지 않고 축복하시는 능력의 평안 그 자체이시다. 목회는 그 평안의 왕을 의지하고 그분에게 복종하는 것이다. 그리고 그분과 그 평안을 누리며, 나누며, 전하는 일이다.

교인 수와 헌금과 괴롭히는 사람들만 보이고 샬롬이신 예수는 보이지 않는가? 그렇다면 목회는 물론 우리의 삶도 제대로 유지할 수 없다.

눈을 예수에게 집중하라. 그분을 의지해서 그분의 힘으로 그분만을 위해 일할 때 전쟁도, 풍랑도, 인간적 박해와 모욕도 모두 극복할 힘이 부어진다. 스스로 이 진리에 입각해 목회에 집중했다.

목회의 목적만 바로 하면 하나님이 목회를 하신다. 목회의 목적은 우리의 영광이 아니다. 우리가 유명해지고, 우리가 부자 되는 것이 아니다. 오직 주 예수의 이름이 존귀하게 되고, 교회가 존경받는 것이다. 이 일을 제대로 한다면 종에게도 세상적인 존경과 풍요로움이 주어진다. 그러나 그것들을 분토와 같이 여겨야 주 예수만을 확실하게 잡을 수 있다. 그래야만 계속 목회의 권능이 주어진다.

큰 교회를 보며 남과 비교하는 마음, 자신의 약함과 부족함만을 보는 불신앙의 감정이 목회자를 죽인다. 항상 예수의 이름을 높이는지 확인하라. 그 일 자체도 예수의 힘으로 그렇게 하는지 확인하기 바란다. 우리가 할 일은 예수로 기뻐하고 그것을 가르치는 것이다. 그러면 부흥이 된다. 시간이 걸리더라도 확실하게 된다.

어느 날 하나님의 음성이 느껴졌다.

'이제 목회 그만해라. 네가 깨닫고 배운 것을 한국의 목회자들에게 가르쳐라.'

한편으로는 감격스러우면서도 한편으로는 당황스러웠다. 은퇴까지는 아직 5년이 남았다. 그러나 더 기다릴 수 없었다. 이제 목회가 무엇인지 알게 되었다면 빨리 다른 목회자들에게 알려 주어야 했다. 며칠간을 기도했다. 거기에만 집중했다. 여전히 그 음성은 변하지 않았다. 그래서 다음 당회에 내 뜻을 발표했다.

# 일관되게 진행하라

조기 은퇴를 선언했다. 당회는 물론이요, 그 소문이 즉각 퍼져 교회 전체가 혼란에 휩쓸렸다. 대다수는 무슨 불만이 있어 그만두겠다고 말하는 것으로 짐작했다. 그중에는 마음을 돌리려는 사람들도 있었고, 이제 그만 출석하겠다는 사람들도 있었고, 나를 괴롭혔을 것으로 짐작되는 대상들을 비난하는 사람들도 있었다.

서울에서 분당까지 오는 교인이 100명이 넘었는데 그들이 일제히 그만 나오겠다고 했다. 너무 먼데도 의리 때문에 나오고 있었다는 말이다. 그럴 만도 했다. 오랫동안 설교를 들으며 신앙적으로 의지했던 담임목사가 별안간 그만두겠다고 하는데 덤덤하다면 그것도 문제다. 그러나 지금 해야 할 일은 이들을 잘 다독여 더 열심히 신앙생활을 하도록 하는 것이었다.

입장을 글로 써 보았다. 아름다운교회의 새로운 변화를 위해 나는 물러가고 젊은 목사가 담임으로 와서 힘을 다해야 한다고 선언했다. 그래서 그 모든 과정을 민주적으로 진행하고 1년 뒤 창립기념일에 은퇴하겠다고 했다. 그러고는 사람들을 만날 때마다 똑같이 말했다.

그동안 아쉬운 점, 상처받은 일이 없을 수 없다. 그래도 그런 말을 뻥 끗이라도 한다면 이상한 방향으로 흐르기 쉽다. 문제가 있을 때는 목사가 절대적으로 말을 아껴야 한다. 교회를 먼저 생각하고 가까운 사람, 고마운 사람은 그다음이다. 말을 일관되게 해야 한다. 안 그러면 잘못된 메시지가 전달되고 그것이 소문으로 퍼져 나간다. 온갖 추측이 난무하게 된다. 그렇게 되면 수습하기가 대단히 어려워진다.

두 주 정도 서울에서 오는 교인부터 찾아가 만났다. 그룹으로, 개인으로 시간을 약속하고 만나 일관되게 같은 말을 했다. 어떤 질문이 나와도 말려들지 않고 그러했다. 그러자 서울 교인들부터 안정되기 시작했다. 사실 여러 해 동안 해 온 교회 출석을 그만둔다는 것이 보통 일은 아니었다. 그리고 더 나은 교회를 만들기 위해 패기 있는 교역자로 뒤를 잇게 한다니 걱정 반, 기대 반의 마음들이 되었다.

거기에 맞추어 기도 제목도, 표어도 만들었다.

'새 시대를 열도록 네 믿음을 보이라.'

세부 항목은 세 가지였다.

'기도로. 전도로. 봉사로.'

강조되는 내용은, 말로만 하지 말고 행동을 보여 달라는 것이다. 그러면서 나부터 일관되게 일을 진행했다. 참으로 내가 한 말대로 일관되게 말하고, 일관되게 실천했다. 그러자 6명의 장로도 모두 함께 시무를 은퇴하기로 합의를 보았다. 어느 교회에서도 없었던 일이다. 사실 지나고 보니 현역 장로 전원 은퇴는 잘못된 결정이었다. 교회의 일은 이어지는 것이지, 새로 하는 것이 아니었다. 후에 교회가 분란을 가지게 된 원인 중 하나였다. 여하간 담임목사의 조기 은퇴 선언을 대하는 장로들의 자세가 비장했다. 이에 당회는 두 가지 일을 결의했다. 새 담임목사와 함께 일할 새 장로들을 선출하는 것이었다. 그리고 청빙위원회를 구성해 민주적으로 후임을 결정해야 했다.

청빙위원회는 장로 전원과 앞으로 될 장로들, 권사회 대표, 안수집사회 대표, 남녀 각 선교회 대표들로 구성하기로 했다. 나중에 보니 15명이었다. 현 담임목사는 청빙위원장이 되고, 부위원장을 현 장로와 앞으로 선출될 장로가 맡기로 했다. 어느 상황에서나 현 담임목사가 불만족스러울 때는 거부권을 갖도록 결정했다. 그러나 나는 민주적으로 절차가 진행되도록 회의에 불참하겠다고 선언했다.

이로써 담임목사로서 교회 일을 하면서 무엇이 가장 중요한지를 정리하게 되었다. 첫째는, 무엇보다 교회를 생각해야 한다. 내 개인적 유익은 그다음이다. 교회 일에 사심을 가져서는 안 된다. 교회는 하나님의 것이면서 교인들의 것이다. 그들은 계속 교회에 남아 있어야 한다.

둘째는, 민주적으로 정식 회의를 통해 교인들의 의견을 모아 할 일을 결의해야 한다. 또한 결의된 내용은 반드시 실행해야 한다. 만약 상황이 달라지면 다시 회의를 소집해 설명하고 결정 사항을 바꿀지 물어야 한다. 모든 것이 투명하고 민주적이어야 한다. 그리고 일관되게 진행되어야 한다. 그러면 교인들이 결정한 내용은 교인들이 책임을 진다.

한국 교회는 이 훈련이 약하다. 담임목사의 욕심이 비민주적이고 불투명한 절차를 만든다. 어떤 이유에서건 담임목사가 일을 진행하면서 일관성을 보여 주지 않는다면 분란이 일어날 수밖에 없다.

# 원로목사

청빙위원회의 투표로 후임 담임목사가 선출되었다. 그리고 8월이 되면서 후임 담임목사가 동사목사로 일하게 되었다. 3개월을 함께 일하고 11월 첫 주 창립기념일이 되면 나는 은퇴한다. 수요일 직원 예배를 마친 후에 둘이 마주 앉았다. 교회의 역사가 어떻게 흘러왔는지를 먼저 말했다. 다음으로는 교회가 민주적으로 운영되고, 회의 내용이나 재정은 완전히 투명하게 진행되었음을 알려 주었다. 중요한 부분은 광고를 통해 다 알게 했을 뿐 아니라, 회의록이나 장부의 세밀한 내용도 등록된 교인은 누구든지 보고 질문할 권리가 있음을 알려 주었다. 우리 교회는 시작부터 교인들에게 아무것도 숨기지 않았다. 교인은 자신이 낸 헌금이 어떻게 사용되는지를 알아야 했다. 나는 이 점을 새 목사가 이어받기를 원했다.

목회에 대해서도 내가 경험하고 깨달은 모든 것을 알려 주고 싶었다. 그런다고 상대도 나처럼 생각할 리는 없었다. 나에게는 중요하지만, 그에게는 별로 중요하지 않을 수도 있었다. 나이도 다르고, 살아온 길도 다르고, 신앙에 대한 이해도 달랐다. 그래서 기도했다.

"정말로 중요한 부분들은 다 잘 전달되게 하소서. 이분은 나처럼 시행착오를 겪지 않고 교회를 바로 이끌어 가게 하소서."

적어도 내게는 3개월이 바람처럼 흘러갔다. 처음에는 빨리 그만두고 싶었다. 일단 그만하겠다고 결정하고 나니 더 이상 머리를 쓰고 싶은 생각이 없어지는 것이다. 그러나 어디 그럴 수 있는가. 이 교회는 하나님의 몸이요, 나는 하나님의 미천한 종인데 주를 봐서도 그럴 수는 없었다. 그래서 마지막 순간까지 최선을 다하려고 계속해서 다짐했다.

약속한 11월 첫 주가 점점 다가왔다. 그동안 다른 목사님들의 은퇴식을 보면 너무 순서도 많고, 지나치다 싶을 만큼 감정적인 내용도 많았다. 그만두는데 그냥 인사만 하고 나갈 수는 없을까? 예배 시간에 설교를 마치고 나서 "이것으로 저는 물러가겠습니다" 이럴 수는 없을까? 정말 그렇게 하고 싶었다. 그래서 당회를 통해 가능하면 간단하게 하겠다고 말했다. 하지만 장로들이 절대로 그럴 수 없다고 했다. 나만 생각할 것이 아니라 교회와 교인들도 생각해야 하지 않느냐는 것이었다. 그러므로 격식을 갖출 뿐 아니라, 지금까지 이끌어 주신 하나님께 감사하는 예배가 되어야 하지 않겠느냐고 했다. 그러면서 나만 단독으로 은퇴식을 하자고 제의했다. 그러나 그럴 수 없었다. 지금까지도 나 자신을 위한 감사 예배는 한 번도 한 적이 없다. 하나님의 종으로서 하나님을 위해 일했으면 감사하다고 인사나 하고 물러가면 될 일이다.

결국 절충안은 원로목사 은퇴, 후임 목사 취임 그리고 장로 장립, 명예권사 추대 등을 함께 하기로 했다. 나는 아무도 초청하지 않았다. 전화도 하지 않았다. 그 대신 김동엽 총회장에게 설교를, 전용재 감리교

감독회장에게 권면 축사를 부탁했다. 외부 강사는 두 사람뿐이었다. 이어서 이소윤 선생이 바이올린 연주를 하고, 독일 유학을 하고 돌아온 전수미 선생이 독창을 했다. 예배는 참으로 무게와 감동이 있었다.

두 부분으로 나누어서 앞은 이취임식, 뒤는 장로 장립 및 명예권사 추대였다. 퇴임하는 나로서는 아내를 불러 함께 강대에 서고, 동시에 은퇴하는 여섯 장로를 불러 앞에 세웠다. 한 분이 은퇴 인사 말씀을 한 뒤에 나는 입고 있던 가운을 벗어 후임 목사에게 입혀 주었다. 그리고 말했다.

"저는 여기까지입니다. 감사합니다."

그것이 마지막이었다. 그리고 장로들과 퇴장했다. 그렇다고 바로 집으로 간 것은 아니었다. 후반부의 사회는 후임 목사가 진행하고, 나는 뒤에 있다가 장로와 명예권사 안수식에 참여한 후 원로목사로서 축도를 했다.

이후 집으로 돌아온 뒤에는 아름다운교회의 예배에 참석하지 않았다. 본래 선언했던 바였다. 후임 목사가 편안하게 목회하려면 교인들이 원로목사와 안 만나게 해야 한다. 그렇게 1년만 지나면 잊게 되고, 후임 목사와 함께 교회를 일으키는 데 전력을 다할 것이다. 물론 원로목사로서 하나님의 일을 위해 교회의 시설이나 직원들의 도움을 요청할 일이 있으면 하겠다고 말했다. 나의 일터나 사무실이 생길 때까지는 도움을 받아야 할 경우가 있을 것 같아서였다. 이렇게 해서 23년을 섬긴 나의 몸과 같은 교회를 떠났다. 원로목사로서 말이다.

# 복음이 바로 전파되어야

은퇴를 했지만 그냥 아무 일도 안 하고 죽는 날까지 보낼 생각은 전혀 없었다. 속히 전국구로 뛰고 싶었다. 얼마나 많은 목회자가 목회가 안 되어 좌절하고 있는가! 목회가 안 되는 이유는 간단하다. 연약한 자신의 힘으로 하려니까 그렇다. 목회는 인간의 힘으로 가능하지 않다. 하나님의 도움으로만 된다. 교인이 많이 모인다고 하나님이 기뻐하시는 것도 아니다.

오늘날 올바른 교회의 모습은 무엇인가? 복음이 바로 들리고, 그 복음의 힘으로 살도록 훈련시켜야 올바른 교회다. 하지만 오늘날 복음은 설교에서 들리지 않는다. 긍정의 힘은 가르치지만, 하늘의 힘은 없다. 적극적으로 생각하도록 훈련하지만, 영적 권세는 없다. 가슴 뭉클한 이야기로, 노래와 시로, 여러 방법으로 감동을 주어도 예수가 우리를 위해 무슨 일을 했는지는 피상적으로밖에 말하지 않는다. 예수의 힘으로 사는 것이 아니라 인간인 자신의 힘으로 경건하고, 예배하고, 봉사하게 한다.

예수를 믿어 모셔 들였으면 그분을 의지하고 그분의 도움으로만 살아야 하는데, 하나님을 무슨 이방 신 섬기듯 한다. 헌금 내고 경배해서 그 대가로 복을 받으려고 한다. 아무리 큰일을 해도 하나님을 의지하지 않으면 그것은 단지 육신일 뿐이니 하나님이 무엇을 받으시겠는가! 세상의 위대한 왕과 무엇이 다른가?

이스라엘은 택한 백성이었지만 자신의 힘으로 율법을 지키다가 바리새인들만 만들었다. 이처럼 자기 힘으로 훌륭한 것이 바리새인이다. 자기 힘으로는 아무리 정직하고 선하게 살아도 단지 육신일 뿐이다. 바리새인들은 자기 힘으로 훌륭하게 사는 것을 잘했다. 그러나 자기도 천국에 못 들어가고, 남도 못 들어가게 오도했다.

그러다 보니 오늘날의 교회는 양극화되었다. 큰 교회는 점점 더 커지고, 작은 교회는 점점 더 작아진다. 큰 교회는 사람의 물결에 휩쓸려 들어가고 나간다. 정확하게 한 시간 동안 밀려 들어갔다 나오면 예배가 마쳐지고, 다시 한 주간 세상 사람들과 별다름 없이 보낸다. 반면 작은 교회는 더욱 작아진다. 돈도, 사람도 부족하다. 건물이 크고 교인이 많은 교회들과 비교하다 보니 마음도, 의식도 작아질 대로 작아진다. 그러니 와서 배우는 교인들 역시 그렇게 된다.

자신부터 구원의 능력을 적용하지 못하면서 어떻게 좋으신 하나님을 전파할 수 있겠는가! 그렇게 사람 자체가 점점 졸아드니 목회도 그렇다. 다른 직업을 택하려니 용기도 안 난다. 그러니 삶 자체가 사는 것이 아니다. 이런 상태가 되면 복음을 말해 주어도 공감이 안 된다. 적극적 사고라 생각한다. 혹시 기쁨과 용기를 얻어도 그때뿐이다. 곧 다시 현실에 눌리고 만다. 정말로 변화가 요구된다.

# 목회자 학교

은퇴를 몇 달 앞두고 본격적으로 목회자 학교를 시작했다. 여러 해를 생각해 왔다. 우유부단하게 계속 생각만 하다가는 그냥 그렇게 지나갈 것 같았다. 일단 한 학기라도 진행하면서 시행착오를 겪어야 했다. 그러려면 이름부터 정해야 했다. 목회자들의 학교지만 그대로 하려니 너무 원초적이었다. 좋은 생각이 안 나서 주위에 물었다.

인간적이고 세상적인 방법이 아니라 하나님의 도움으로 하는 목회, 복음의 능력으로 하는 목회여야 했다. '신앙 목회'로 하자니 너무 평범했다. 그래서 신앙을 영어로 했다. 학교는 좀 세련되게 하느라 아카데미로 했다. 그리고 나니 저절로 이름이 만들어졌다. 'Faith목회아카데미.' 목회자 모두에게 친숙한 그리고 사랑받는 학교가 되어야 할 것이다.

어디에서 어느 날 해야 할까? 주위 사람들에게 도움을 구했다. 장소는 아무래도 서울로 정해야 한다는 선배의 말에 얼른 떠오른 인물이 서초교회의 김석년 목사였다. 그 자리는 고속터미널에서 10분 정도 걸으면 되었다. 서울 중심으로 교통도 좋았다. 김 목사는 성결교단 소속으로 나보다 7, 8년 아래였다. 오랫동안 작은 교회의 목사들을 일으키기 위해 패스브레이킹(Path Breaking) 사역을 해 오고 있었다. 그렇게 꾸준히 하기가 쉽지가 않다.

무조건 만나서 이야기를 했다. 별로 공감하는 표정은 아니었지만, 그래도 같이 하자는 제안에 승낙을 해 주었다. 그러면서 자기는 시키는 대로만 하겠다고 했다. 아마도 하는 것을 보고 더 깊이 참여할 것 같았다. 나라도 그랬을 것이다. 서로 얼굴만 알지, 함께 일한 적도, 교제를 많이 한 적도 없었다.

"쉽지 않은 일인데 잘될까요?"

당연히 그럴 것이었다. 그러나 좋은 일이니 해 보라고 하자는 생각인 것 같았다.

장소는 정해졌으니 날짜를 정해야 했다. 목사들은 대개 월요일에 쉰다. 그러다 보니 그날은 할 일이 너무 많다. 교회 일은 화요일과 목요일이 좀 덜한 편이다. 다른 요일에는 다 예배가 있고, 주말은 설교와 예배 준비로 다른 데 신경 쓸 수가 없다. 월요일이 아니면 부목사들은 올 수 없다는 말에 월요일로 정했는데, 개강해 보니 부목사는 아무도 오지 않았다. 멀리 보는 자세들이 없는 것 같아 안타까웠다.

시간은 오전에만 국한하기로 했다. 하루 쉬는 날 오후에라도 개인 일을 할 수 있게 하려는 배려였다. 그래서 9시부터 12시까지로 정했다. 나중에 보니 월요일 9시에 맞추는 것이 보통 어려운 일이 아니었다. 출근 시간이기 때문이다. 여하간에 이렇게 해서 시행착오 속에 장소와 날짜와 시간을 정했다.

그러나 만나는 목사들마다 회의적인 반응이었다.

"그게 될까?"

담임목사직을 유지하면서 해도 될까 말까 한데, 은퇴하면 아무도 알아주지 않는다는 것이었다.

9월 첫 주 월요일에 개강했는데 2주 전에 1명, 일주일 전에 5명이 등록했다. 그렇게 개강 하루 전날까지 갔다.

"6명이라도 시작하자."

그러고는 개강일에 서초교회로 갔는데, 가 보니 거의 20명이 와 있었다. 김석년 목사와 나 그리고 행정을 돕는 박관용 전도사까지 합해서였다. 이렇게 해서 오래 생각했던 목회자 학교가 시작되었다.

학생 중에 개척 교회 목사는 거의 없고 대부분이 작은 중견 교회의 담임이었다. 대부분이 거리가 멀었는데, 인천이나 용인 지역이 많았고, 서울은 구의동에서 온 여자 목사 한 명뿐이었다. 모두들 열정적으로 참석했고, 반응도 뜨거웠다.

첫 시간은 김석년 목사가 기도의 실천을 강의했다. 두 번째 시간은 복음의 원리를, 세 번째 시간은 배운 것을 서로 반복하며 설명하고 토론하게 했다. 점심시간에는 3천 원짜리 김밥을 함께 나누었다. 그러고는 각자 돌아가서 배운 내용을 전달하고 적용하며 설교한 뒤에 내게 이메일로 보고하게 했다.

그렇게 3개월을 진행했다. 당연히 의식이 획기적으로 복음 의식이되었다. 많은 목회자가 복음을 들어도 시큰둥한데, 이제는 아주 민감하고 잘 받아들이게 된 것이다.

# 후임 목사와 교회 분란

2013년 8월 전교인 수련회부터 후임인 권 목사가 동사를 시작했다. 11월 첫 주 창립기념일까지는 3개월도 남지 않았다. 후임 목사는 수련회에서 저녁 집회 설교를 했는데, 설교가 훌륭했다. 처음 선을 보기 위해 설교할 때는 별로라고 생각했는데, 수련회에서는 달랐다. 아주 복음적이었다. 인품도 깨끗하고 정직해 보였다. 마음이 흡족했다. 아무 걱정할 것이 없어 보였다. 교회는 잘될 것이었다.

동사하는 동안 목회자 학교의 교재로 단둘이 앉아 함께 공부했다. 별로 관심 있어 보이지 않았다. 은퇴하고 나서 함께 목회자 학교를 할 마음이 있는지를 물었을 때도 흥미를 보이지 않았다. 그 후에 다시 서울 서노회 목회자들이 모여 목회자 학교 공부를 하는데 참여해서 공부하면 어떻겠느냐고 물었다. 며칠 생각하더니 안 하겠다고 했다. 원로목사가 하는 목사 훈련에는 전혀 참여할 생각이 없어 보였다. 실망했지만 본인의 의견을 존중해 더 이상 권고하지 않았다.

부교역자 대부분이 사퇴하고 나갔지만, 몇 사람은 적어도 1년을 있게 해 달라고 부탁했었다. 그러나 그들도 다 내보냈다. 어떤 내용인지는 알 수 없었지만, 새로운 담임목사가 그만두게 한 것은 틀림없었다. 거기에 더해서 교인 몇몇이 출석을 중단했다. 그럴 수 있다고 생각했다. 새로운 담임목사와 안 맞을 수도 있으니 말이다. 여하간에 일단 담임이 되었고 나는 은퇴를 했으니 전혀 관여하지 않았다. 관심도 두지 않았다.

1년쯤 되자 연장자들 몇몇이 담임목사에 대해 강한 불만을 제기했다. 나는 들으려고도 하지 않았다. 나이 먹은 사람들을 푸대접한다는 불평이 계속 들려왔다. 그때도 여전히 관심을 갖지 않았다. 담임목사가 바뀌면 적응 안 되는 사람이 좀 있지 않겠는가, 그 정도로만 생각했다. 그러나 갈수록 반대하는 사람이 많아졌다. 원로목사보고 뭘 어쩌란 말인가. 그래서 교인들을 아예 만나지 않기로 했다. 그래야 불평을 안 들을 것이었다.

그렇게 5년이 흘러갔다. 그리고 어느 날 외국 여행을 마치고 토요일에 돌아오니 그 주간에 담임목사가 사표를 냈다고 했다. 담임목사가 사표를 제출하기 전에 원로목사인 나를 대리 당회장으로 지적했다고 한다. 나를 만나겠다는 사람이 너무 많았다. 집으로 찾아온 사람도 많았다. 내일 가서 당회를 진행하겠다고 하면서 대충 설득해서 보냈다. 이 지경에 이르기까지 담임목사는 나와 아무런 의논도 하지 않았다.

사실 성추행 건은 전부터 팽배했던 교인들 간의 갈등이 표출된 일이었다. 나중에 들으니 목사 반대파와 지지파로 나뉘어 서로 반목하는 일이 갈수록 더 커지고 있었다. 담임목사부터 자신을 지지하는 사람들하고만 교통하고, 그 외의 사람들은 교회를 떠나라고 말하고 있었다.

젊은 부부들은 열렬히 지지하고, 나이 든 사람들은 열렬히 싫어하고 있었다. 지도자는 절대로 편을 가르면 안 되는데 말이다.

사표 내기 직전의 상황을 들으며 담임목사가 얼마나 경솔한지를 알게 되었다. 교회에서 숙직하면서 청소하는 남자 집사와 교회 청소를 하는 다른 교회의 여자 집사가 있었다. 어느 날 그 여자 집사의 아들이 찾아와 어머니가 성추행을 당했다고 담임목사에게 따졌다고 한다. 이 일을 처리하면서 여러 번 회의를 진행했다고 했다. 결국은 이 일의 처리가 담임목사 사임의 결정적인 계기가 되었다.

들은 이야기를 정리하면 이렇다. 주일 설교를 마친 후에 담임목사가 선포했다.

"우리 교회에서 성추행 사건이 일어났습니다. 해당하는 분은 즉시 교회를 떠나 주시기 바랍니다."

그러나 일은 그렇게 간단히 해결되지 않았다. 이름을 밝히지는 않았지만 누구인지 다 알고 있었다. 젊은 부부들은 아이들 정서에 좋지 않으니 나가라 했고, 나이 든 이들은 누명이요, 인권 문제라는 여론이 만들어졌다. 그렇게 교회는 금세 혼란에 빠졌다. 그러나 담임목사는 다시 주일 예배 후에 선포했다.

"성추행 문제에 책임지는 사람이 아무도 없으니 담임목사라도 책임을 지겠습니다."

그러면서 한 달간 설교를 안 하겠다고 선포했다. 담임목사를 거부하는 사람들은 그만하라고 난리를 부렸다. 그렇게 두 주가 지난 뒤에 사표를 제출한 것이다. 정말 그만두려는 마음은 아닌 것 같았다. 목사를 지지하는 장로와 은퇴 장로 한 명과 함께 만났는데, 그들이 하는 말이, 반대파의 행동이 아무래도 신천지 신도들 같다고 했다. 그래서 신천지에 있다가 나온 서모 목사를 초청해서 다시 함께 만났다. 서 목사는 상황 이야기를 듣더니 이렇게 말했다.

"교인들 70퍼센트는 이미 신천지가 되었군요."

얼마나 무책임한 발언인지가 나중에 밝혀졌다. 모두 놀라고 두려워했다. 일체 비밀로 하고 조심스럽게 증거를 수집한 뒤에 모두 추방하기로 합의를 봤다.

주일 1부 예배를 마친 뒤에 대리 당회장으로 당회를 열었다. 참석한 부목사들에게 물어보니 사표를 반려해야 한다고 했다. 장로는 그동안 아무도 뽑지 않아 내가 은퇴할 때의 두 명 그대로였다. 한 사람은 기권하고 다른 사람은 반려하자고 해서 압도적으로 사표 반려로 결정되었다.

2부 설교를 마친 뒤에 대리 당회장으로서 당회 결정 사항을 공표했다. 사표가 반려되었으니 다음 주부터 설교하라고 권고도 했다. 놀라운 일은 그다음에 벌어졌다. 담임목사가 셀 그룹 인도자들이 모인 자리에 나와서 선언했다는 것이다.

"우리 교회에 신천지가 들어왔습니다. 그 명단을 가지고 있는데, 다음 주일에 공표하겠습니다."

그러면서 지지하는 장로와 함께 반대파 핵심 인물이었던 20명가량을 신천지로 지명했다. 아무 증거도 없었다. 공식 발표가 아닌 측근을 통해 퍼뜨리는 방법이었다. 이렇게 경솔할 줄은 몰랐다. 교회는 완전 난장판이 되었다.

한 달 정도 지나자 담임목사로부터 전화가 왔다.

"사임하겠습니다."

그냥 조용히 떠나는 줄 알았다. 그래서 훌륭하다고 칭찬을 했다. 그러나 아니었다. 지지하는 현직 장로와 은퇴 장로 한 명을 만나 수습을 의논하려 했더니 그들도 떠나겠다고 했다. 아무리 만류해도 받지 않았다. 무엇인가 이상했다. 알고 보니 교인 200명 정도를 설득해 함께 떠나 새로운 교회를 개척하기로 했다는 것이다. 일어나지 말아야 할 일이 일어나고 말았다. 그러면서 떠나는 사람들이 남은 사람들에게 전화해서 말했다.

"왜 신천지 교회에 남아 있어?"

노회에서도 좋은 교회로 소문이 난 아름다운교회가 이 지경이 되었다. 그 핵심은 담임목사 한 명과 그를 추종하는 장로 하나였다. 교회를 일으키는 것이 아니라 완전히 풍비박산을 만들어 놓았다. 교회가 제대로 되려면 담임목사가 핵심 역할을 해야 한다는 사실을 확실히 보여 준 상황이다.

# 교회 혼란 수습

2018년 8월 첫 주, 내가 개척하고 은퇴한 교회에 임시 담임목사로 다시 부임했다. 은퇴한 뒤에 거의 5년이 지난 시점이었다. 내가 목회할 동안에는 참으로 조용하게 성장하는 교회였다. 회의 석상이나 어떤 자리에서도 큰소리치는 사람이 하나도 없었다. 언제나 화합하고 순종하는 교인들이었다. 이름 그대로 아름다운 교회였다.

그러나 이제는 달랐다. 우선 교인들의 얼굴이 아주 독하고 사나워졌다. 우선 당회를 수습해야 했다. 그동안 장로를 뽑지 않아서 둘뿐이었는데 한 명이 떠났다. 이에 조기 사임한 장로들을 찾았다. 해당자가 한 명뿐이어서 송 장로를 다시 현역으로 만들었다. 교인은 거의 3분의 1이 떠났다. 예산도 그러했다. 분위기가 아주 안 좋았다. 나도 긴장이 되니 혈압이 20가량 올라가 그대로 머물러 있는 상황이었다.

신천지로 지목된 20여 명이 문제였다. 이들이 개인적으로 찾아와 문제를 해결해 달라고 부탁했다. 신천지 꼬리표 때문에 떠날 수도, 남을 수도 없는 이들이었다. 이들을 조사하기 위해 신천지의 모임 시간에 방문 전화를 했다. 그들 주위 사람들과 가족들에게도 알아보았다. 특별히 8월에 신천지 전체가 상암 경기장에 모여서 단합 대회를 한 날이 있었는데 아무도 가지 않았다. 그런 모임이 있는지도 모르고 있었다.

그들에게 당회에 탄원서를 개인적으로 제출하라고 제안했다. 모두 탄원서를 제출했다. 이후 이단대책위원회의 전문가들을 초대해 탄원서를 낸 사람들을 면담했다. 여러 시간 뒤에 보고서가 나왔는데, 이들이 담임목사에게 반항한 것은 잘못이지만, 신천지라는 증거는 없다고 했다. 이 내용을 교회 게시판에 이단대책위원회의 이름으로 붙였다.

분열해 나간 쪽에서는 '짜고 치는 고스톱'이라며 여전히 신천지 교회라고 했다. 하지만 이들은 전혀 신천지가 아니었다. 이들은 그 후로도 교회 봉사를 잘하고 있다. 오히려 나간 교회는 분열하여 작아졌고, 아름다운교회는 새로운 후임 목사가 온 이후로 많이 회복되어 성장하고 있다. 신천지 신드롬은 이렇게 해서 잠잠해졌다.

신천지를 해결한 다음에 할 일은 후임 목사 선정이었다. 당회에서 부서별로 청빙위원을 선정했다. 지난번 청빙은 완전 실패였다. 그래서 이번에는 추천을 받는 방식을 택했다. 선정하는 방법은 전과 같았다. 결과적으로 영락교회에서 부목사로 재직하는 이관형 목사가 선정되었고, 후임 목사로는 12월 중순에 부임했다.

한 달간의 동사를 마친 후 1월 말에 모든 것을 인계하고 다시 원로목사로 물러섰다. 후임인 이 목사님이 교우들을 편안하게 만들어 주었기에 모두들 좋아했다. 상처도 치유되고 부흥도 일어났다. 이제 계속 성장하기만 바란다.

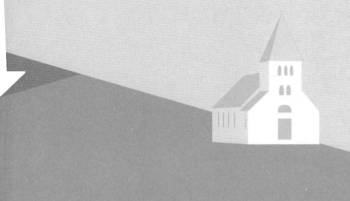

4부

# 원리를 알면
# 목회가 즐겁다

# 복음에는 관심이 없으니

목회자 학교를 소개하면 대부분의 목사가 관심 없어 한다. 아마 이런 이유에서일 것이다.

'세미나는 수없이 들었고, 들어 봤자 별 소득이 없다. 무엇보다 몇 달 동안 매주 월요일에 가서 돈 내고 강의 듣는 것이 부담스럽다. 확실한 변화, 특별히 목회의 변화가 있다는 보장이 어디 있는가? 더욱이 복음 훈련이라고 하니 너무 힘들 것 같다.'

더욱이 교회의 규모가 어느 정도 이상이면 더 흥미를 잃는다. 그런 강의는 개척 교회 목사들이나 듣지, 자신은 장로들 문제나 해결하면 된다고 생각한다. 그러나 현재 우리나라 교회의 현실은 참으로 심각하다. 어느 설교건 복음의 내용이 쏙 빠져 있다. 간단하다. 하나님의 힘으로 살게 한다면 분명히 복음 말씀이다. 그러나 그 반대는 내 힘으로 하나님을 기쁘시게 해 드리는 것, 율법이다.

하나님의 힘으로 구원받고 일상생활 역시 하나님의 도움으로 한다면, 우선은 삶이 어렵지 않다. 물론 안 힘든 삶이 어디 있겠느냐마는, 현재의 삶이 너무도 힘들고 괴롭다면 분명히 하나님의 힘도, 구원도 적용되지 않고 있다는 증거다. 하나님이 함께하신다면 죽도록 매 맞고, 굶고, 묶여서 감옥에 갇혀도 감사하며 찬송할 수 있다.

인격이 훌륭하고 능력이 많아서가 아니다. 동행하시는 하나님을 의지하기에 그렇다. 분명히 힘들고 고통스럽다. 그런데도 이상하다. 견딜 만할 뿐 아니라 힘도 나고, 기쁨도 찾아온다. 이것이 신자의 삶이요, 이것이 목회다. 분명히 힘들지만, 이상하게 안 힘들다. 감격이 더 많다.

목회아카데미를 시작하자 들어 보고 등록하겠다는 목사들이 더러 있었다. 그래도 목회를 위해서, 하나님의 교회를 위해서 해 보자고 찾아왔다. 첫 시간부터 감격이 있었다. 물론 완전히 공감하기에는 지금까지 믿었던 것과 너무 달랐을 것이다. 그러니 좋으면서도 의심이 일어나는 것이다. 목사들을 만날 때마다 이 새로운 목회 운동을 설명했는데, 모두가 긴가민가했다.

2박 3일 동안 진행되는 세미나를 몇 번 열었다. 노회 훈련원 주최로도 하고, 목사들의 모임에서도 했다. 처음에는 시큰둥하게 듣는다. 그러다 감격과 의심이 뒤섞인다.

"그거 다 아는 교과서적인 이야기죠. 그런다고 뭐가 바뀌는 것은 아니지 않습니까?"

강의를 들으면 감동하는 부분이 있다. 참여하겠다고 약속도 한다. 하지만 집에 돌아가 며칠 지나면 다 흐지부지되고 만다. 2박 3일이 아니라 한두 주간을 해도 마찬가지다.

의식이 바뀌고 습관이 바뀌려면 적어도 두어 달은 계속해야 한다. 수영이나 운전을 배우는 일과 같다. 이론은 배우는 데 30분 정도면 족하다. 하지만 머리로는 다 이해가 되는데 행동이 따라 주질 않는다. 걸음걸이가 팔(八)자라고 지적하면 금세 똑바로 걷는다. 하지만 10분만 지나면 어느새 다시 팔자가 되어 있다.

연구 결과를 보면 습관이 되기까지 최소한 40일이 걸린다고 한다. 수영도, 운전도 두어 달 집중해야 어느 정도 자세가 잡힌다. 그리고 더 바르게 하고 잘하려면 더욱 연습을 해야 한다. 여러 해 동안을 좌절과 낙심으로 보냈다면 그 실패가 이제는 습관이 되었을 것이다. 아무리 좋은 이야기를 들어도 절대 적용하지 못한다. 습관은 무섭다. 《성공하는 사람들의 7가지 습관》(김영사)이라는 책 제목처럼 성공과 실패 모두가 습관이라는 것이다.

요셉의 경우를 보라. 17세에 노예가 되었다. 매 맞고 욕먹으며 잔인한 대우를 받는다. 부모도, 동족도 만날 수 없다. 전혀 미래가 보이지 않는다. 이러한 사고가 습관이 된다면 하나님을 믿고 하나님께서 주신 약속을 가지고 있어도 아무 도움이 되지 않는다. 단 몇 달만 지나면 노예근성이 뼛속까지, 무의식까지 지배한다.

그러나 그는 그러지 않았다. 하나님의 약속을 잡고 항상 하나님을 의지했다. 여호와께서 그와 함께하시므로 형통하고, 주인인 보디발도 그것을 알고 그를 의지했다. 그렇게 10여 년을 보내고 난 후 위대한 존재로 일어나는 것이다.

목회도 이처럼 역경에서도 자라나야 한다. 목회가 안 되는 것이 이미 습관이 되었다면, 요셉처럼 하라. 노예 상황도, 죄수 상황도 극복이 된다. 복음 말씀대로 생각하기를 습관이 되게 하기 바란다.

# 저주는 끝났다

십자가를 보면서 무슨 생각을 하는가? 늘 보니 아무 생각이 없는가? 잘해 봤자 그저 막연히 '예수님이 내 죄를 가져가셨다'라고 생각하는가? 그렇다면 엄청난 손해를 보는 것이다. 비타민과 건강 식품은 매일 열심히 챙겨 먹으면서 십자가를 그만큼도 생각하지 않는다면, 신자의 삶은 전혀 가능하지 않다. 십자가는 비타민과는 비교가 안 되는 영적 보약이다.

세상에서의 삶은 인간의 힘만으로는 죄인 수준을 벗어날 수가 없다. 그러니 주일에 교회에 가서 기도하라고 한다.

"하나님의 뜻대로 살지 못했습니다."

자세히 고백하고 용서받으라고 한다. 용서받으면 변화가 오는가? 하나님의 뜻대로 사는 것이 무엇인지 제대로 알고 있는가? 그저 막연히 신자 수준에 미치지 못했다는 고백일 뿐이다. 그런 식으로 한 해, 두 해 보내다 보면 수십 년이 간단히 지나고 만다. 평생 그러는 것이다.

우리는 십자가를 자주 바라봐야 한다. 이것은 외형만 보거나 여러 종류의 십자가 모양을 생각하라는 것이 아니다. 예수 그리스도의 십자가를 자주 생각해야 한다는 말이다. '십자가가 나에게 무슨 의미가 있는가?' 상징이 아니라 현실이다. 거기에 우리의 모든 죄가 못 박혀 있다. 우리의 죄가 공식적으로, 실질적으로 죽었다. 그래서 어떻게 되었는가? 우리의 저주가 그쳤다. 죄로 인해서 오는 모든 문제가 완전히 그쳤다.

인류의 시작부터 지금까지 얼마나 많은 눈물과 아픔이 있었던가! 얼마나 많은 악행을 서로 주고받았던가! 모두가 죄로 인해 온 저주였다. 무서운 일은 계속 일어났고, 앞으로도 온다. 어디 그뿐인가? 장차 올 영원한 지옥은 무엇으로 감당해야 하는가! 아무리 없다고 부정해도 마음 깊은 곳에서부터 오는 두려움은 절대로 사라지지 않는다.

십자가는 죄가 그쳤다는 증표다. 이것을 마음에 확실히 품고 살아야 한다. 우리의 죄는 그쳤다. 그로 인해 오는 형벌도, 가난도, 질병도, 슬픔과 불안과 두려움도 그쳤다. 모든 저주가 끝난 것이다. 믿음으로 받고, 믿음으로 외쳐 보라.

"나는 보통 사람이 아니다. 저주로부터 자유한 특별한 인물이다. 나는 예수 안에서 초인이다."

예방 주사를 맞으면 해당 병에 잘 걸리지 않는다. 우리는 예수의 십자가를 통해 모든 저주로부터 예방 주사를 맞았다. 혹시 와도 두렵지 않다.

그러나 이것은 영적 진리이기에 믿어야 효과를 발한다. 예방 주사 맞은 것을 기억하는 이유는 반복해서 맞지 않으려는 것이다. 영적 진리는 더욱 그렇다. 믿어야 효력을 발한다. 만약 모르면, 사탄에게 늘 당할 것이다. 얼마나 많은 신자가 자신이 당할 필요가 없는 저주를 뒤집어쓰고 고통스러워하는가? 얼마나 많은 신자가 자신이 가진 영적 권세를 모른 채 무기력하게 사는가? 얼마나 많은 신자가 자신이 가진 예수의 사랑을 모른 채 서로 증오하며 삶을 낭비하는가?

그러기에 우리는 말씀을 듣고, 예배에 참석하고, 봉사해야 한다. 더 중요한 것은, 목회자들이 그 사실을 먼저 알고 누려 본 뒤에 설교로 선포해야 한다. 아무리 말해도 변화가 없는가? 여전히 아프고, 가난하고, 되는 것이 없는가? 너무 오래 저주에 눌려 습관이 된 것이다. 운동하듯 계속 주장하라. 믿음이 안 와도 그리하라. 하나님이 믿음을 부으신다.

신자는 모든 저주로부터 구원을 받았다. 그런데도 가난하고, 병들고, 힘이 부족한가? 우리는 그러한 문제를 예방하는 예방 주사를 맞았다. 영원한 생명이신 예수를 영접한 것이다. 그 사실을 주장하기 바란다. 아무리 상황이 나빠도 당신 안에 있는 영원한 생명을 끝까지 주장하기 바란다.

우리에게는 그것밖에 없지만, 그것이 오히려 세상의 그 무엇보다도 강한 권세를 제공한다. 그러니 세상 것들을 사용하더라도 그것을 믿거나 의지하지 않기를 바란다. 믿고 의지할 대상은 오직 예수뿐이다. 그분은 저주의 예방 주사요, 영원한 생명의 영양 주사다. 믿고 주장하라. 그러면 효과가 나온다. 세상적인 건강과 물질과 존경도 따라온다.

십자가, 우리의 소중한 증표! 이것은 우리가 저주 백신을 맞았다는 증표요, 영원한 생명의 영생 주사를 맞았다는 증표다. 한순간도 그 유익을 잊지 말기 바란다. 이것이 기도요, 이것이 묵상이다.

"내가 너희 중에서 예수 그리스도와 그가 십자가에 못 박히신 것 외에는 아무것도 알지 아니하기로 작정하였음이라"(고전 2:2).

# 믿음에 서라

"십자가로 저주는 그치고 영생이 주어졌다!"

신자로서 이것을 모르는 사람은 없다. 그러나 그 내용대로 적용해서 유익을 보는 신자도 별로 없다. 그대로 산다면 참으로 놀라운 권세를 누릴 것이다. 여기까지 말해도 여전히 텍스트만 강조한다고 불평한다. 성경 말씀 그대로지만, 현실은 그렇지가 않다는 것이다. 너무 원리만 주장하고 현실을 외면한다고 비판한다.

목회자 학교에서 그렇게 강의하면 처음부터 공감하는 이들이 많지 않다. 뻔한 소리라고 한다. 당신이 내 입장이 되어도 그런 말이 나오냐는 것이다. 정말로 문제다. 하나님이 선포해 주신 복음의 내용이 대다수 신자에게는 적용이 안 된다는 말이다. 정말 그런가? 십자가가 모든 저주를 실제적으로, 구체적으로 막아 주지 못하는가? 영생은 죽은 다음의 일이고, 현실은 세상 방법이 지배하는가?

다시 원리로 돌아가 보자. 영원은 지금부터다. 구원은 죽은 다음에 일어나는 일이 아니다. 지금부터다. 동의하는가? 그렇다면 영원한 생명과 구원을 적용해야만 한다. 그것이 하나님께 영광 돌리는 길이다.

하나님의 힘으로 놀라운 일을 하고 하나님의 힘으로 행복해져야 하나님이 기뻐하신다. 자기 힘으로 선하게 살고 열심히 해 봤자 그것은 순전히 육신이다. 하나님이 받으실 것이 없다.

민주주의 정부를 링컨이 어떻게 정의했던가? '국민의, 국민을 위한, 국민에 의한' 정부다. 신주주의, 즉 하나님 중심의 삶을 그렇게 설명해 보자. '하나님의, 하나님을 위한, 하나님에 의한' 삶이다. 여기에 하나를 더 더하면 '하나님과 함께하는 삶'이다. 가장 중요한 것은 하나님에 의한 삶, 곧 하나님의 힘으로 진행되는 삶이 천국 백성의 삶이다. 그러려면 하나님과 늘 함께해야만 한다.

여기까지 말해도 그저 듣고만 있다. 다 아는 이야기요, 기본적인 가르침이라고 생각한다. 하지만 여전히 하나님에 의한, 하나님의 힘으로 진행되는 삶이 무엇인지는 모른다. 만약 안다면 써먹지 않을 수가 없다. 그보다 더 복되고, 강하고, 풍성한 삶이 없기 때문이다. 또한 그보다 더 하나님께 영광 돌리는 삶도 없다.

그렇다면 어떻게 하는 것이 하나님의 힘으로 진행되는 삶인가? 어떻게 그 영광의 삶이 펼쳐져서 우리 자신과 가족은 물론이요, 교회가 부흥하고 능력으로 일어날 수 있단 말인가? 분명한 것은, 그렇게 사는 목회자가 많지 않다는 사실이다. 그러니 그에 대한 설교가 없지 않은가!

복음의 내용대로 믿고 적용해야 한다. 앞에서 말한 대로, 신자는 저주 백신을 맞았다. 모든 저주, 곧 질병과 가난과 망함을 이긴다. 걸려도 금세 극복한다. 이 사실만 늘 주장하고 마음에 가지고 있어도 문제와 고난을 넘어선다. 계시록은 그 무서운 대환난까지도 벗어난다고 말씀한다.

"이는 큰 환난에서 나오는 자들인데 어린양의 피에 그 옷을 씻어 희게 하였느니라"(계 7:14).

어린양의 피로 깨끗함을 받으면 대환난도 당하지 않는다. 하물며 세상에서 살면서 겪는 환난 정도야 당연히 벗어난다. 혹시 당해도 다 극복한다. 이미 구원을 가진 존재기 때문이다. 우리는 이 어린양의 피와 권세를 믿고 주장해야 한다. 매사에 이 믿음으로 임해야 한다. 산이 덮쳐도, 홍수가 와도, 전쟁이 일어나도, 모든 사람이 다 들고일어나 대적해도 우리는 이미 그 피로 구원을 받았다.

현재 병에 걸렸거나 재정 문제에 눌리는 등 각종 어려움을 겪고 있는가? 자신에게 이렇게 말하라.

"나는 영생 주사를 맞았다. 내 안에는 영원한 생명이 있고, 그 능력은 나의 몸과 삶 전체에 광채를 발하고 있다. 나는 어떤 문제, 어떤 병보다 크다."

그래도 당장은 아무런 변화가 없을 것이다. 그러나 믿음을 유지하라. 반복해서 말하라. 몇 번의 운동으로는 미스터코리아가 될 수 없다. 피아노 몇 번 배우고 쇼팽(Frédéric François Chopin)처럼 칠 수 없다고 낙심하는 사람도 없다. 하물며 영생의 영적 권세를 발하면서 한두 번 해 보고 집어치운다면 신자라고 할 수 없다. 믿고, 외치고, 풍성한 열매가 나올 때까지 반복하라. 구원의 확신과 기쁨을 일으켜 현실보다 큰 존재로 일어나라. 믿음으로 서는 것은 큰 수고가 필요 없다. 그러나 열매는 엄청나다.

# 믿음으로 한 것만 영적 가치를

왜 우리는 믿음으로 서고, 믿음으로 살아야 하는가?

"하나님은 업신여김을 받지 아니하시나니 사람이 무엇으로 심든지 그대로 거두리라 자기의 육체를 위하여 심는 자는 육체로부터 썩어질 것을 거두고 성령을 위하여 심는 자는 성령으로부터 영생을 거두리라"(갈 6:7-8).

영생은 영적인 것이다. 성령을 위하여 심는 것은 하나님을 위하여 심는 것이다.

하나님을 위하여 심으려면 무엇이든 하나님의 힘으로 해야 한다. 우리는 예배까지도 순전히 육신으로 할 수 있다. 겉모습은 경건해도 그 내용이 자기의 선행과 자기의 정성을 다하는 것이라면 육신이다. 하나님을 의지하고 무엇이든 하나님과 함께해야 영적이고, 썩지 않는 열매를 맺는다. 안 그러면 아무리 좋은 것도 육신일 뿐이다.

가인과 아벨을 보라. 둘 다 예배하고 예물을 드렸다. 그러나 아벨만 받아들여졌다. 가인의 예배는 하나님이 받지 않으셨다.

"믿음으로 아벨은 가인보다 더 나은 제사를 하나님께 드림으로 의로운 자라 하시는 증거를 얻었으니 하나님이 그 예물에 대하여 증언하심이라 그가 죽었으나 그 믿음으로써 지금도 말하느니라"(히 11:4).

믿음만이 하나님이 받으시는 예배를 드린다. 심지어 악인에게 맞아 죽어도 여전히 믿음이 지금도 살아서 말하고 있다. 이것이 영생이다. 육신적인 아픔이나 죽음을 넘어서는 영원한 생명이다. 목회도 그렇다. 믿음으로 하지 않으면 평생 해도 헛것이다. 그렇다면 믿음으로 하는 것이 도대체 무엇인가? 어떻게 해야 하나님이 받으시는가?

《탈무드》에 나오는 예화다. 어떤 목수가 랍비를 만나 불평한다.

"당신은 하루 종일 기도하고, 축복하고, 말씀을 전하면서 월급을 받습니다. 그리고 하나님 앞에 가면 잘했다고 상을 받습니다. 나는 기도할 시간도 없이 노동만 죽도록 합니다. 그리고 하나님 앞에 가면 혼만 날 것입니다."

정말로 불공평한 상황이다. 누구는 항상 하나님과 가까이 지내고, 누구는 항상 노동만 해야 한다. 그러니 무슨 복이 오겠는가. 그러자 랍비가 말한다.

"시간이 아무리 없어도 하루에 10분은 기도할 수 있을 것이오. 그런 다음 나머지 시간에 열심히 일하면 하나님이 계속 기도한 것으로 여겨주신다오."

여기서 직업은 신성하다는 신학적 근거가 나온다. 목수직도 목회 못지않게 거룩한 직업이라는 선언이다. 도둑질 빼고는 열심히 하는 모든 직업이 신성하다는 것이 서양 사람들의 직업관이다. 여기에 더해서 목사인 우리는 그 목수에게 이렇게 말해야 한다.

"일하기 전에 10분이라도 하나님만 생각하며 집중적으로 기도하시오. 그런 다음 나머지 시간은 하나님을 의식하고 의지하면서 열심히 일하시오. 그러면 모든 시간이 거룩해지고 영적으로 된다오."

서양 사람들은 모든 직업이 거룩하다고 했다. 이제는 삶 전체가 거룩해진다. 거룩한 삶이 만드는 작품은 거룩하다. 하나님을 위해 영으로 심는 시간이다. 하나도 버릴 것이 없다.

일할 때뿐 아니라 쉴 때도 그렇다. 식사하거나 친구나 가족과 함께 보내는 시간도, 아니 잠자는 시간도 모두 거룩해진다. 그러니 하나님을 항상 의식하라. 그리고 의지하라. 그러면서 무엇이든 하라. 즉시 거룩한 존재로 변한다. 하는 모든 일이 거룩이다.

성령을 위하여 무슨 특별한 행동을 하는 것이 아니다. 종일 엎드려 방언을 하거나 환상을 보라는 말이 아니다. 생활하면서 하나님과 함께 보내는 시간은 모두가 거룩하고, 모두가 영적이다. 그것이 쉬지 않고 기도하는 일이다. 목회도 얼마든지 육신적으로 할 수 있다. 하지만 영적인 일은 목수건, 목사건 다 거룩하다. 성령을 위하여 성령으로 심는 시간은 어렵지 않다. 항상 하나님을 의식하고 의지하기 바란다.

칼빈은 '코람 데오', 곧 '하나님 앞에서'의 삶을 강조했다. 항상 하나님 앞에 있음을 잊지 말라는 것이다. 그러면 당연히 하나님을 의지할 수밖에 없다. 아무리 거룩하게 살려 해도 우리의 육신만으로는 거룩할 수 없다. 그러므로 더욱 두려워질 것이다. 그러나 감사하게도 신자는 하나님을 의지할 수 있다.

그저 '하나님, 도와주세요. 내가 의지합니다'라고 생각하면서 무슨 일이든 하면 된다. 하나님을 의식하고 의지하라. 신자의 삶은 어려운 것이 아니다. 성령을 위하여 성령으로 심기는 것은 무슨 특별한 일을 하는 것이 아니다. 단지 어떤 상황이건 하나님을 의식하고 의지하면 된다. 우리가 좀 잘못해도 하나님은 도우시며, 우리에게 한없이 복을 주신다. 이것이 믿음으로 사는 것이다. 너무도 풍성하고 감격스럽다.

# 하나님과 동행하기

창세기에 보면 신기한 기록이 나온다.

"에녹은 … 삼백 년을 하나님과 동행하며 자녀들을 낳았으며 그는 삼백육십오 세를 살았더라 에녹이 하나님과 동행하더니 하나님이 그를 데려가시므로 세상에 있지 아니하였더라"(창 5:21-24).

하나님은 에녹을 산 채로 데려가셨다. 그는 65세부터 300년 동안 하나님과 동행했다. 하나님이 동행하신다면 무슨 문제가 있겠는가! 그 은혜 속에 사는 삶은 너무도 풍성하고 행복할 것이다.

그러면 에녹은 하나님과 동행하면서 무슨 놀라운 업적을 남겼는가? 성경에는 아무것도 없다. 그저 자녀들을 낳았을 뿐이다. 이로 보건대, 하나님과 동행해도 일상생활을 영위한다. 산속에 들어가 가족은 물론 세상과 관계를 끊고 잠적하는 것이 아니다. 부부 생활을 하고 사람들과 어울려 살아가는 보통의 삶에서 하나님과 동행하는 것이다.

한 걸음 더 나아가, 자녀를 낳는 것이 귀한 일임을 알게 된다. 아니, 거룩한 일이다. 자녀를 낳은 일이 귀한 것은 틀림없다. 평생에 한 일을 다 제쳐놓고 자녀를 낳은 일만 기록했으니 말이다. 하지만 자녀를 낳는 그 자체가 귀하고 거룩하다면, 세상 사람 모두가 다 귀하고 거룩할 것이다. 그런데도 그 이야기만 기록한 이유가 무엇일까?

하나님과 동행했기에 거룩했다는 것이다. 하나님과 함께한다면 무슨 일이나 다 귀할 수밖에 없다. 하나님 없이 혼자 한 일은 천하에 없는 일을 해도 그저 육신의 일일 뿐이다. 하나님과 동행해야만 한 일이 업적이 된다. 하나님과 함께하면 무슨 일이건 영적이고, 영원한 가치를 갖는다. 이 사실을 깨닫는 것이 축복이다.

그러면 하나님과 동행하려면 어떻게 해야 하는가? 정말로 하나님이 동행해 주시면 우리도 에녹처럼 살 수 있지 않을까? 하나님이 우리와 동행하시게 하려면 우리는 무엇을 해야 할까? 정답은 아무것도 하지 말아야 한다.

신자는 예수를 영혼에 모시고 있다. 예수의 다른 이름이 무엇인가? 임마누엘이다. 그렇다면 왜 우리에게는 그런 신기한 일도, 기적도 일어나지 않는가? 간단하다. 영혼에는 계신데, 우리 마음에는 계시지 않기 때문이다. 다시 말하면, 하나님은 이미 우리와 항상 함께 계시는데, 우리는 하나님과 함께하지 않는다. 모든 일을 혼자 해결하고, 알아서 행동한다. 일상생활에서 전혀 하나님을 의식하지 않는다. 아니, 완전히 무시하고 있는 것이다.

"주 예수 대문 밖에 기다려 섰으나 단단히 잠가 두니 못 들어오시네"(새찬송가 535장, 〈주 예수 대문 밖에〉).

이 찬송이 불신자를 향한 것인가? 옛날에는 그런 줄 알았다. 그래서 불신자들에게만 이 노래를 불렀다. 과연 예수가 우리 안에 계시는가?

여기서 '대문 안'은 우리의 마음을 말한다. 예수는 우리와 항상 함께 계신다. 그러나 우리 마음의 문은 그분을 향해 닫혀 있다. 아무리 두드리셔도 관심이 없다. 세상에 관심 쓸 것이 너무 많기 때문이다.

목회자는 교회 운영만 생각한다. 교인 수와 헌금에 관심이 모아진다. 교인들의 안녕과 비판에 마음이 집중된다. 하나님은 항상 함께하시지만 마음은 하나님을 의식하지 않는다. 예배하고 기도할 때 잠시 하나님을 생각하지만, 곧 잊는다. 앞의 관심사가 가득 채워졌기 때문이다. 그보다 하나님을 의식하기 바란다. 그럴 때 우리와 함께하신다. 매사에 그분을 의식하기 바란다. 그러면 에녹처럼 될 것이다.

신자의 삶이 어렵다고 말한다. 게다가 목회자의 삶은 완전 가시밭길이라고 말한다. 사실상 둘 다 어려운 정도가 아니라 불가능이다. 어느 누가 하나님의 말씀대로, 아니 비슷하게라도 살 힘이 있는가? 하나님을 기쁘시게 해 드리고 하나님이 함께 살아 주시게 할 위대한 사람이 어디 있는가? 없다. 절대로 없다. 아무도 할 수 없기에 하나님이 스스로 오신 것이다.

정리하면 이렇다. 아무도 하나님께로 갈 수 없다. 하나님을 모셔 올 수도 없다. 그러나 예수를 영접한 사람은 하나님이 항상 함께 계신다. 이 사실을 믿으라. 이 사실을 의식하고, 의지하라. 그러면 에녹의 삶이 열린다. 에녹이 특별한 것은 단 하나, 하나님이 동행하심을 믿었다는 것이다. 신자에게 필요한 것이 이것이다. 목회는 더욱 그러하다.

하나님을 의식만 해도 삶은 중심을 잡고 제대로 된다. 절대로 잊지 마라. 신자에게 하나님은 이미 그리고 항상 동행하신다. 그러니 우리

도 동행해야 한다. 그 하나님을 의지하라. 그러면 삶은 즉시 영적 차원
이 된다. 하나님과 동행하기는 어렵지 않다. 항상 하나님을 의식하고,
의지하라. 하나님이 신비한 삶으로 이끌어 가실 것이다.

# 나의 새 정체 훈련

신자가 되면 신분이 완전히 바뀐다. 세상적인 겉모습은 그대로지만 내용적으로, 영적으로 하나님 앞에서는 전혀 다른 존재가 된다. 이 사실을 성경이 선포한다.

"너희가 다 믿음으로 말미암아 그리스도 예수 안에서 하나님의 아들이 되었으니"(갈 3:26).

"[부활하신 그리스도와] 또 함께 일으키사 그리스도 예수 안에서 함께 하늘에 앉히시니"(엡 2:6).

얼마나 놀라운 신분인가! 이 사실을 모든 영적 존재가 다 안다. 천사도, 귀신도 다 안다. 오직 신자 자신만 모르고 있다. 그래서 이 변화된 자신을 모르고 옛날의 자신으로 평생을 살아간다. 마치 북한에 살던 사람이 탈북한 후 남한에 와서도 계속 북한식으로 눈치 보면서 전혀 자기의 권리나 재능을 발휘하지 못하고 살아가는 것과 같다. 그러므로 영적 존재들이, 세상이 복종하지 않는다.

집회를 하면서 청중에게 알려 준다.

"성경은 우리보고 빛이라고 합니다(마 5:14 참조). 믿습니까?"

"아멘."

"우리보고 왕 같은 제사장이요, 거룩한 나라요, 하나님의 가족이라고 합니다(벧전 2:9 참조). 믿습니까?"

"아멘.

여기까지는 다 따라서 한다. 그다음이 문제다.

"그러면 큰 소리로 자신이 누구인지 말해 봅시다."

그러면서 하나씩 따라 하라고 복창을 시킨다.

"나는 빛이다."

"나는 왕이다."

"나는 천국이다."

그러고는 물어본다.

"속에서 어떤 느낌이 일어납니까?"

그러면 모두 쓴웃음을 짓는다. 마음속에서까지 "아멘"이 일어나기를 않는 것이다. 빛이라고 말하고 왕이라고 하면 속에서는 아니라고 한다. 오히려 '내가 무슨 빛이고 왕이야? 무슨 천국이야?' 하는 느낌이 일어난다. 그러니 일상생활이 성경과는 전혀 다르게 진행된다.

세상에서도 왕이 평민의 옷을 입고 자기가 왕인 줄 모르면 전혀 왕의 삶을 살지 못한다. 영적 세상은 더욱 그렇다. 우리가 왕이고 하나님의 자녀라는 것은 말뿐이요, 아무런 왕의 능력도, 하나님의 자녀의 능력도 없다고 믿으면 항상 두렵고 불안할 수밖에 없다.

성경은 예수가 살아 있는 구원이기에 그분을 모시면 완전한 신적 구원을 받은 것이라 말씀한다. 전쟁이 나건, 홍수가 나건, IMF가 오건,

구원을 가지고 이미 승리를 약속받은 채로 문제를 대하는 것이다. 그래도 마음은 믿지 못한다.

"말로만 그렇지. 무슨 힘이 있다고 이길 수 있는가? 돈이 있나, 빽이 있나?"

이러한 대답은 세상 사람들과 같다. 하나님의 말씀은 건성으로 듣고 믿지 않는다. 그러나 신자는 자신에게 말해야 한다.

"내가 보는 나는 참 내가 아니다. 세상이 보는 나도 참 내가 아니다. 오직 성경이 말씀하는 나, 하나님이 말씀하시는 나가 진짜 나다."

믿음이 좀 덜 와도 그렇게 자신을 다독여야 한다. 그러면 거기에 해당하는 삶이 열리기 시작한다. 구원은 죽은 뒤에만 적용되는 것이 아니다. 지금부터다.

성경이 말씀하는 '나'도 그렇다. 우리의 기분이나 다른 사람의 말보다 더 따라야 한다. 그러면 거기에 해당하는 능력이 나온다. 하나님이 당신의 완전한 의로 우리를 의롭다고 칭해 주신다. 그러면 그대로 받아들여야 한다. 자연스럽게 믿어질 때까지 반복해야 한다. 나도 목사가 된 뒤에 목사라는 생각이 들 때까지는 상당한 시간이 지나야 했다. 이처럼 성경이 말씀하는 '나'도 온전히 받아들여질 때까지 자신에게 말해 주어야 한다.

돈이나 지위 때문에 우쭐하거나 열등감을 느낀다면 아담이다. 그것들은 잠시뿐이다. 예수 안에서의 새로운 신분을 자랑하기 바란다. 그러면 신비한 능력이 나타난다. 거기에 해당하는 상황이 열린다. 아무것도 없는 늙은 모세가 대제국의 왕 바로에게 하나님처럼 된다. 신자는 이 힘으로 살아야 한다. 안 그러면 늘 넘어지고, 실패한다.

삶이 힘들게 느껴지는가? 아담 안에 있다는 증거다. 이러한 육신적 생각은 자동이다. 예수 안에 있는 것은 자동으로 되지 않는다. 믿음으로 예수 안에 있는 자신을 확인하고 의지해야 한다. 그러면 왕으로서의 삶, 천국 시민으로서의 삶이 펼쳐진다. 가다가 넘어지고 실패해도 다시 일어나라. 왕으로, 제사장으로, 천국으로, 빛으로 일어나라.

# 육신의 훌륭한 것 의지 말라

목회자들도 돈과 지위와 학위를 열심히 찾는다. 그것들부터 얻으려고 몸부림을 친다. 교인 수를 늘리고 건물을 키우려고 한다. 헌금을 많이 모으려고 한다. 그러니 하나님보다 그것들을 의지하는 것이다.

이것은 모든 세상 사람의 본능이다. 외형적인 것을 많이 가져야 힘을 쓴다. 중국을 보라. 땅이 넓고 인구가 많으니 잘 나가고 큰소리를 친다. 교만이 말도 못 한다. 교회도 그렇다. 숫자가 많을수록 높은 목사가 되어서 유명해진다. 높은 자리에 앉고, 어디를 가나 특별 대우와 존경을 받는다. 얼마나 부러운가. 하긴, 세상에서는 외형적인 것밖에는 평가할 기준이 없다. 그래서 세상 사람들과 똑같이 목회자들도 외형적인 것을 많이 가지려고 노력한다.

그러나 그것들은 일의 결과지, 목표가 아니다. 주의 일을 목표로 해야지, 어찌 그분으로부터 오는 선물들을 목표로 한단 말인가! 아브라함이 하나님을 섬기니 잘되었다. 물론 그도 잘되기 위해서 하나님을 섬겼다. 그러나 아브라함의 잘됨은 세상 사람들이 생각하는 잘됨과 전혀 차원이 다르다. 그는 영원하신 하나님, 창조주를 얻고 더 얻기를 바랐다. 그것이 그에게는 다른 것과 비교할 수 없이 잘되는 길이었다. 그렇게 잘되니 부스러기로 재산과 권력이 따라왔다. 그리고 최고의 복으로 아들 이삭이 왔다.

사실 이삭은 물질적 복만은 아니다. 영적 복이기도 하다. 그럼에도 불구하고 하나님은 아니다. 하나님이 주시는 복에 지나지 않는다. 그러나 이삭은 다른 세상 것과는 비교가 안 되게 좋았다. 그로부터 큰 민족이 나올 참이다. 보기에도 너무 훌륭하다. 자연히 이삭밖에 보이지 않게 된다. 반면에 하나님은 보이지 않고 경험도 안 된다. 그러니 차츰 하나님보다는 이삭이 하나님 노릇을 하게 된다.

목회자들도 그렇다. 많은 교인과 큰 건물은 하나님이 주신다. 그러나 목회를 하다 보면 하나님은 보이지 않고 교인들과 건물과 헌금만 보인다. 차츰 그들에게 빠지고, 거기에 파묻힌다. 그들만 상대하고 그들에게 휘둘린다. 그들이 기쁨과 아픔과 슬픔과 절망의 이유가 된다. 하나님은 이름뿐이고, 실생활과는 관계가 없어진다. 이렇게 평생을 보내면서 목회라고 생각한다. 이것은 전혀 목회가 아니다. 세상 일만 하다가 마치는 것이다. 바울은 분명히 말했다.

"형제들아 내가 너희에게 나아가 하나님의 증거를 전할 때에 말과 지혜의 아름다운 것으로 아니하였나니 내가 너희 중에서 예수 그리스도와 그가 십자가에 못 박히신 것 외에는 아무것도 알지 아니하기로 작정하였음이라"(고전 2:1-2).

세상적인 훌륭함을 의지하면 아무런 영적 권세가 나타나지 않는다는 말이다. 예수의 십자가만 의지할 때 그로 인해서 오는 우리의 새로운 신분과 그로 인해서 오는 능력과 축복이 적용된다. 거기에 해당하는 삶이 열린다. 그러기에 바울은 세상적인 것들을 사용은 하되 절대로 의지하지 않았다. 오직 예수께서 새롭게 하신 자신을 믿고 일어났다. 그럴 때 그에 해당하는 실력이 나오고, 상황이 열렸다.

하나님은 아브라함에게 이삭을 바치라고 하셨다. 죽이라는 것이다. 이에 아브라함은 말씀대로 한다. 칼을 들어 죽인다. 그렇게 함으로 이삭도, 아브라함도 산다. 그리고 하나님은 하나님이 되신다. 이것이 오늘의 목회자들에게 필요한 자세요, 믿음이다. 지위나 돈을 의지해서 자신만만하면 육신적 열매만 맺힌다. 이삭을 죽이라. 날마다.

교인 수나 헌금 액수나 건물은 하나님이 아니다. 교회도 아니다. 그로부터 나오는 부산물이다. 그것들 대신 예수를 자랑하라. 십자가를 의지하라. 세상의 복, 지위, 건물이나 돈은 감사하며 사용하되 섬기지 말라. 그들은 우리의 종이지, 주인이 아니다. 날마다 하나님의 제단에 바쳐 번제를 드리라. 그래서 하나님만이 우리의 주인이 되시게 하라. 그러면 목회는 최상의 것이 된다. 그럴 때 영원한 풍성함과 권세도 나온다.

# 하나님 즐기기

'웨스트민스터 신앙 고백'은 17세기 영국에서 만들어진 장로교 최고의 신앙 고백이다. 그 위대한 성현들이 자녀들을 신앙의 사람으로 교육하기 위해서 만든 문답집이 '소요리 문답'이다. 여기서 첫 번째 질문이 전체의 내용을 지배한다. 그러므로 신자라면 그 질문과 답을 항상 마음에 품고 살아야 한다.

"사람의 제일 되는 목적이 무엇인가?"

즉 어디서 무슨 일을 하든, 어떤 상황 아래 있든 먼저 마음에 가지고 살아야 할 내용이다. 대답이 무엇인가?

"하나님을 영화롭게 하고 그를 영원토록 즐거워하는 것이다."

이 대답만큼 단순하고도 정확하게 신자가 어떻게 살아야 할지를 가르치는 내용도 드물다. 그러나 많은 신자가 듣고 이렇게 해석한다.

"항상 하나님을 즐겁게 해 드리는 삶을 살도록 노력해야 한다."

그러나 이것은 완전히 잘못 이해한 것이다. 정확한 이해는 이것이다.

"하나님은 하나님 당신을 즐거워할 때 즐거워하신다."

더 쉽게 말하면, "하나님을 의지하고 그분의 힘으로 살 때 하나님을 즐길 수 있다. 그러면 하나님이 기뻐하시는 삶을 살게 된다"라고 할 수 있다. 여기서 '즐거워하다'는 영어로 'enjoy'다. '하나님을 즐기라'라는 의미다. 자녀가 부모를 마음껏 활용해서 행복해하고 잘되는 것과 같다. 자녀가 부모를 의지하지 않고 이상한 사람에게 가서 그가 주는 것을 좋아하고, 그의 힘으로 살고, 그가 시키는 일을 하면서 그를 위해 시간을 보낸다면 부모에게 영광이 될까?

삶의 매 순간의 목적이 하나님의 영광이요, 하나님을 즐거워하고 즐기는 것임은 누구나 인정한다. 목회의 목적도 그러하다. 하나님을 즐겨야 목회가 된다. 하나님의 전능하심, 사랑, 권능, 인도 등을 잘 사용하고 즐겨야 한다. 그러면 목회의 질서가 잡히면서 하나님을 영화롭게 하게 된다. 그러니까 목회의 목적은, 하나님께만 영광이 돌아가는 것이다.

사도 바울에 따르면, "살든지 죽든지 내 몸에서 그리스도가 존귀하게 되게 하려 하나니"(빌 1:20)이다. 이는 굶고, 매 맞고, 모욕당하고 감옥에 갇혀도, 심지어 신자들이 괴롭히더라도 오직 그리스도의 이름에 영광이 되면 된다는 생각이다. 그러기 위해서 하나님을 즐기니, 죽도록 맞고 감옥에 갇혀도 찬송이 나온다. 그러니 세상이 모르는 능력이 나와서 함께 갇힌 죄수들을 감동시키고 간수까지 구원하게 되는 것이다.

어느 누구에게나 감옥은 고통스럽다. 채찍으로 몇 시간씩 맞고, 씻긴커녕 약도 바르지 않고 굶은 채로 묶여서 감옥에 던져진다. 여기서 하나님을 즐긴다면 상황을 넘어서는 힘이 나온다. 하나님의 기쁨으로 기뻐하고, 하나님의 사랑으로 사랑한다. 맞으면서도 기도한다.

"하나님을 믿고 의지합니다. 하나님의 마음이 저의 마음입니다. 하나님의 힘으로 감사합니다."

이 부분이 중요하다. 믿음으로, 말씀대로 순종하는 것이다. 38년이나 비참하게 눌려 있는 병자를 향해 일어나라고 하신다. 그러면 말씀을 의지하고 일어나야 한다. 즉시 못 일어날 수도 있다. 그래도 끝까지 일어나야 한다. 마찬가지로 상황이 아무리 힘들어도 감사로 시작해 보라. 하나님을 의지하고 그렇게 해 보라. 잘 안 되어도 끝까지 하라.

바울은 어떻게 했는가? "나 같은 죄인, 썩어질 육신이 주를 위해서 매를 맞다니"라고 말하며 너무 영광스럽게 감사했다. 이것이 하나님을 즐기는 방법이다. 어디서 오는지, 매 맞을 힘이 솟아난다. 분명히 아프지만 안 아프다. 감격이 더 큰 것이다. 그래서 찬송을 한다. 그렇게 주를 즐거워한다. 신기한 능력은 이렇게 나오는 것이다.

만약 두려움이나 원망에 사로잡힌다면 하나님을 즐기지 않았다는 증거다. 그러면 육신으로 홀로 남아 고통만 경험하게 될 것이다. 하나님께 영광이 되지 않는다. 매 맞고 감옥에 가는 상황이 아니어도 정신적으로 큰 고통에 빠질 수 있다. 괴롭히는 사람이 있고, 재정적 문제가 일어난다. 감당 못 할 시련이 온다. 이때도 마찬가지다. 사람의 제일 되는 목적을 생각하며 하나님을 즐거워하고 그분을 영화롭게 하라. 하나님의 힘으로 그분을 즐기며 상황을 보라.

"나 같은 썩어질 육신, 죄인이 주의 교회를 위해 시련을 당하는구나."

감사가 일어나면서 주께 영광을 돌린다. 이상하게 극복할 힘도 나온다. 이것이 하나님을 즐거워하고 있다는 증거다. 고통에 눌려서 아무리 해도 일어날 수 없다면, 이것은 자신의 힘으로 싸우고 있다는 명백한 증거다.

우리도 바울처럼 하면 된다. 할 수 있다. 당신 안에 계신 하나님을 의식하라. 그리고 하나님을 의지하여 감사하며 즐거워해 보라. 문제가 아무리 커도 극복할 힘이 일어난다. 하나님 안에 다 있다. 아니, 하나님 그분이 우리가 원하는 모든 것, 그 자체이시다. 하나님께만 집중하라. 그러면 모든 것을 누리게 된다. 그렇게 하나님의 힘으로 싸우는 것이 하나님을 영화롭게 하는 것이다.

# 하나님께만 영광?

기도할 때 많이 듣는 말이 있다.

"하나님만 영광을 받으시옵소서."

하나님께서 존경을 받아야 한다는 의미다. 이것을 모르는 신자는 없을 것이다. 그러나 유감스럽게도 어떻게 해야 하나님께 영광이 되는지를 아는 신자는 많지 않다. 자신의 힘으로 죽도록 일하고 희생하면 하나님을 기쁘시게 하고 하나님이 존경받게 되는 줄 안다. 하나님의 힘으로 해야지, 자신의 힘으로 하는데 하나님이 왜 칭찬을 받으시겠는가!

분명히 해야 한다. '내가 이렇게 죽도록 충성하면 하나님이 좋아하실 거야'라고 생각하지만, 전혀 안 그런 경우가 많다. 또한 모든 사람이 훌륭하다고 하고 하나님을 믿는 사람은 과연 다르다고 칭찬해도 하나님은 전혀 기쁘시지 않고, 그분에게 영광이 안 되는 경우도 많다. 무슨 말인가? 사람 그 누구보다 하나님 스스로가 좋아하셔야 영광이 된다는 것이다.

목회는 물론이요, 삶 전체에 적용되는 기준은 이것이다. 신자가 시작부터 끝까지 하나님 덕으로 살고 행세해야 하나님이 기뻐하신다. 그렇지 않으면 세상 사람들이 아무리 칭찬해도 훌륭한 목사나 신자가 아닌 경우가 대단히 많다. 바울은 여러 번 눈물을 흘리며 말했다.

"여러 사람들이 그리스도의 십자가의 원수로 행하느니라"(빌 3:18).

하나님이 기뻐하고 영광 받으시는 것이 아니라, 하나님의 원수라고 한다.

"그들의 마침은 멸망이요 그들의 신은 배요 그 영광은 그들의 부끄러움에 있고 땅의 일을 생각하는 자라"(빌 3:19).

존경받고 권세를 부리지만, 마침은 멸망일 뿐이다.

사도 바울이 항상 칭찬과 대접을 받은 것은 아니다. 멸시와 천대를 더 많이 받았다. 그런 그가 이렇게 말한다.

"영광과 욕됨으로 그러했으며 악한 이름과 아름다운 이름으로 그러했느니라 우리는 속이는 자 같으나 참되고 무명한 자 같으나 유명한 자요 죽은 자 같으나 보라 우리가 살아 있고 징계를 받는 자 같으나 죽임을 당하지 아니하고 근심하는 자 같으나 항상 기뻐하고 가난한 자 같으나 많은 사람을 부요하게 하고 아무것도 없는 자 같으나 모든 것을 가진 자로다"(고후 6:8-10).

영광과 욕됨, 악한 이름과 아름다운 이름이 뒤섞여 나온다는 말이다. 세상에서는 그렇지만, 하나님 앞에서는 오직 영광과 아름다운 이름뿐이다. 세상에서는 무명해도 하나님에게는 유명하다. 그리고 진짜로 살아 있다. 어떻게 그런 줄 알까? 본인이 안다.

하나님을 의지하여 그분의 힘으로 기뻐하니 항상 기뻐한다. 가난한

자 같아도 많은 사람을 부요하게 한다. 아무것도 없는 것 같아도 모든 것을 가졌다. 정신적인 부요인가? 실제로는 가진 것이 없는가? 절대로 그렇지 않다. 영적으로 풍성하다면 이 세상에서도 풍성하다.

사람들이 보기에는 가진 것이 없어 보여도 모든 것을 다 할 수 있다. 교인도 모으고, 건물도 지을 수 있다. 그런데도 여전히 세상 사람들에게 감추어지고 무시당할 수 있다. 하지만 자신은 늘 은혜 충만이다. 바울이 바로 그런 목회자였고, 그는 그리스도 안에서 모든 것을 할 수 있었다. 정말로 부족함이 전혀 없었던 삶이다.

어떻게 그럴 수 있는가? 자신의 힘을 다해서 죽도록 하는 것이 아니다. 목회의 능력 달라고 20일, 40일 동안 금식하고, 강단에 이불 갖다 놓고 거기서 숙식하고 기도하며 자신의 정성과 노력 또는 생떼를 부려 얻어 내는 것이 아니다. 하나님의 선물은 우리 노력의 대가가 아니라 그냥 주시는 것이다. 이미 이슬처럼, 단비처럼 내리고 있다. 지금도 신자 누구에게나 내린다. 믿으면 된다.

"내가 은혜 베풀 때에 너에게 듣고 구원의 날에 너를 도왔다 하셨으니 보라 지금은 은혜 받을 만한 때요 보라 지금은 구원의 날이로다"(고후 6:2).

이 '지금'은 영원한 현재다. 항상 은혜가 내리고, 항상 구원의 날이다. 성령이 함께하시기 때문이다. 느낌이 아니라 말씀을 믿으라. 그 말씀이 영적 능력을 준다. 목회자라면 이 훈련이 절대적으로 필요하다.

삶의 기준은 언제나 복음 말씀이다. 아무리 상황이 나빠도 말씀은 그 상황을 다 바꾸어 준다. 상황이나 사람들의 대우가 아니라, 진리의 말씀에 맞추어 감정을 다스리라. 그냥 무조건, 억지로라도 감사하는 것이 아니다. 범사에 감사할 힘은 이미 신자 속에 확실하게 있다. 그리스도가 도우시며 감사의 힘을 공급하신다고 했으니 믿고 감사하는 것이다. 이렇게 믿음으로 행할 때 말씀 안에 그리고 그리스도 안에 있는 것이다.

그리스도 안에서 기뻐하고 감사하며 도전하라. 그래야 하나님이 기뻐하신다. 하나님의 도우심으로, 하나님의 힘으로 해야 하나님께 영광이다. 시작부터 끝까지 전부 하나님을 의지하고 행하라. 그것이 믿음의 삶이다.

# 믿음의 원리만 받으신다

개신교의 신앙 원리 또는 종교 개혁의 원리를 보면 다른 모든 종교와 정반대다. 가톨릭을 포함한 세상의 종교에서 구원을 받기 위해서는 인간의 훌륭함이 우선이다. 우리가 잘해야 복을 받고, 우리가 훌륭하게 행해야 대가를 받는다. 하다못해 정화수를 떠 놓고 새벽에 빌어야 옥동자라도 얻는다. 안 되면 정성이 부족하기 때문이다. 죽어서 좋은 데 가는 것도 착한 일을 얼마나 많이 했느냐에 달렸다.

이러한 사고는 모든 사람에게 내재되어 있다. 누구나 그렇게 생각하도록 타고났다는 말이다. 목회도 우리가 잘해야 잘된다. 목회자는 고생도, 희생도 많이 해야 한다. 그래야 하나님이 그 대가로 복도, 능력도 주신다. 이처럼 선행으로 복 받는다는 본능적 믿음이 인간이 망가져서 썩어질 육신만 남았다는 사실을 잊게 만든다.

개신교에서는 절대로 육신의 공로가 나와서는 안 된다. 죽도록 기도하면 복을 받고, 헌금하고 헌신하면 능력을 받는 것이 아니다. 오히려 그 반대다. 무엇을 한 대가로 복을 받는 것이 아니라, 복을 받아야 무엇을 할 수 있다. 여기서 복은 오직 하나님뿐이다. 복 받은 사람만 기도가 통한다. 복 받았음을 알고 믿는 사람은 그 복이 매사에 나타난다. 그런 사람이 한 헌금이나 헌신이 복을 주는 것이다.

일단 인간 자체로는 다 함량 미달이다. 영적 능력이 없으니 전적으로 육신뿐이다. 도통해서 영적으로 예언자 수준이 되었다고 자랑해도 거룩한 하나님이 보시기에는 귀신들보다 나은 것이 없는 저급한 영일 뿐이다. 그러니 아무리 훌륭한 일을 하고 큰 업적을 쌓아도 창세기에서 보듯 가인의 후손으로 성을 쌓고 나라를 세우는 것 이상은 될 수 없다. 아무 의미가 없다는 말이다.

새사람이 되어 구원받고 하나님과 마주할 수 있으려면 근본이 바뀌어야 한다. 복 자체인 하나님의 영을 받아들여 하나님의 자녀가 되어야 한다. 그래야 하나님께 기도가 가능해진다. 그리고 예수의 이름으로 할 때만 기도가 응답된다. 금식이나 고행이나 선행은 기도 응답의 조건이 전혀 아니다. 구원 자체가 하나님의 선물이다.

선물이 위에서 올 때 "아멘" 하고 받으면 살아 있는 구원인 예수께서 들어오신다. 이 사실을 믿는다면 이제부터 구원의 힘으로만 살려고 할 것이다. 예수를 믿은 다음에 다시 자신의 힘으로 하나님을 기쁘시게 하려는 것은 옛사람의 힘으로 살려는 생각이다. 목회도 자신의 힘으로 한다면 옛사람이 하는 목회가 되는 것이니 영적으로 수준 미달이다.

아침부터 저녁까지 의식이 있는 동안에는 예수의 힘으로, 예수의 재산으로만 살려고 해야 한다. 어느 누가 좋은 옷, 좋은 음식이 있는데 더러운 옷을 입고 나쁜 음식을 먹겠는가. 그러나 좋은 옷, 좋은 음식인 예수는 믿고 의지해야만 경험되지, 처음부터 보이고 만져지지 않는다.

그러기에 우리는 언제나 우리 안의 예수가 어떤 분인지 늘 연구하고 적용해야 한다. 예수께서 우리를 위해 하신 일이 무엇인지, 그래서 우리가 어떤 존재로 변했는지, 어떤 일을 할 수 있는지 늘 말씀을 통해 연구하고 적용하는 훈련을 해야 한다. 그러니까 구원의 방법이 신앙의 기본이다. 예수를 모시고, 그분을 믿고 의지해서 생각하고, 말하고, 행동해야 한다. 그러면 새사람의 삶이 된다.

하나님께 영광 돌리는 삶을 살려면 옛사람을 버리고 예수를 의지하는 새사람으로 도전해야 한다. 누구나 죽을 때까지 옛사람과 새사람은 항상 뒤섞여 있다. 여기서 얼마나 새사람의 삶을 사느냐가 얼마나 하나님을 기쁘시게 하는 삶이 되느냐의 기준이다. 목회도 그렇다. 세상에서는 교인이 몇만이 되고 헌금이 몇천억 원이 되는 것이 훌륭한 목사, 한국을 대표하는 목사의 기준이라면, 하나님 앞에서는 아니다.

사도 바울은 사람들이 찾는 그런 기준을 전혀 생각하지 않았다. 항상 점검하고 또 하라. 목회를 자신의 실력과 인격의 훌륭함으로 하는가? 아니면 그런 것들은 다 내려놓고 오직 예수만 의지해서 하는가? 하나님이 기뻐하시는 목회가 하나님께 영광 돌리는 목회다.

# 외형적 성장이 부러운가

목회자의 최대 관심은 교회 성장이다. 무슨 방법을 사용하든 일단 교인 수가 많고 헌금 액수가 많이 모여야 한다. 그러면 하나님도 교인 수와 헌금 액수가 많은 것을 기뻐하실까? 안 기뻐하실 이유는 없다. 교인이나 헌금이 많아지는 것이 나쁜 일은 아니다. 분명히 좋은 일이고 복이다. 하지만 그것이 하나님의 힘으로, 하나님이 기뻐하시는 방법으로 한 것인지를 항상 질문해야 한다. 그렇게 해서 더욱 하나님을 의지하고 신앙이 좋아졌는지를 확인해야 한다. 안 그러면 교인 수와 헌금이 많아진 것이 전혀 복이 아니라 저주일 수도 있다. 크고 유명한 교회일수록 목회자의 공적, 사적 생활이 바울의 말대로 '그리스도 십자가의 원수' 노릇을 하기가 너무 쉽다.

이스라엘을 보라. 하나님의 기적을 그렇게 직접 눈으로 보고 경험했으면서도 계속 하나님을 배반한다. 출애굽 이후 광야에서부터 계속 하나님을 시험하고 가슴 아프게 해 드렸다. 가나안에 들어간 뒤에는 아예 우상을 숭배하고 하나님을 배반해서 벌을 받아 나중에는 나라 전체가 다 망하고 말았다. 결국 이스라엘 자체가 없어지고 하나님의 백성은 벌거벗겨진 채로 묶여서 노예로 끌려갔다.

그들이 가난해지거나 약해졌을 때가 아니다. 잘되고 크게 되었을 때 그랬다. 누구나 삶이 잘 펼쳐지면 하나님에 대한 관심이 줄어들게 된다. 차라리 무엇인가 부족해야 하나님께 계속 매달린다. 교회에 어려운 일이 있고 재정이 약하면 늘 하나님만 바라볼 수밖에 없다. 하나님이 필요한 상황이 신자에게는 항상 필요하다.

가난하다가 부해지면 어떤가? 누구든지 약하고 의지할 데가 없으면 하나님만 바라본다. 항상 기도한다. 그러나 돈이 많고 지위가 높아지면 달라진다. 어느새 하나님보다는 눈에 보이는 돈과 지위에 관심이 더 모아진다. 그렇게 되면 하나님을 의지하지 않아도 사는 데 아무 지장이 없게 된다. 이것이 좋은 상황인가?

교회도 개척할 때는 모든 것이 열악하니 하나님만 의지한다. 월세도 못 내는 상황이니 기도할 수밖에 없다. 그러다 몇백 명이 되면 모든 것이 넉넉해진다. 일꾼도 많고, 계획도 잘 세우고, 교회가 저절로 굴러간다. 그러면 하나님을 향해서 절실하지 않게 된다. 하나님의 힘이 별로 필요 없게 된다. 하나님보다 오히려 세상 방법이 더 유용하게 된다.

"나를 가난하게도 마옵시고 부하게도 마옵시고 오직 필요한 양식으로 나를 먹이시옵소서"(잠 30:8).

젊었을 때는 이 구절을 싫어했다. 부하면 왜 안 된다는 말인가? 그러나 차츰 주위 사람들을 보면서 이 기도가 얼마나 올바른 것인지를 경험했다. 누구든지 돈이 많고 유명해지면 거의 다 넘어지는 것을 보았다. 그 이유는, 하나님을 붙잡지 않고 세상 것에 더 집중하기 때문이다.

"내가 배불러서 하나님을 모른다 여호와가 누구냐 할까 하오며"
(잠 30:9).

이 말씀까지는 안 가더라도 하나님께 열심이 없어지는 것은 사실이다. 교회가 커지다 보면 높은 사람들만 만나면서 교만해진다. 작은 교회 목사들이나 이름 없는 이들이 찾아가면 만나 주지도 않는다. 이제는 자신을 유명인으로, 연예인으로, 정치가로 여긴다.

오늘날 대부분의 목회자는 그 반대 입장이다. 오히려 너무 가난한 것이 문제다.

"내가 가난하여 도둑질하고 내 하나님의 이름을 욕되게 할까 두려워함이니이다"(잠 30:9).

도둑질은 안 할지 모르나, 여기저기 구걸 다니면서 하나님의 이름을 욕되게 할 수 있다. 또 얻어먹고 지원받는 것을 당연하다고 여기게 된다. 그렇게 되면 목회를 접어야 한다. 그러나 이미 그렇게 사는 것이 오랜 습관이 되어 버렸다.

그렇다면 가난은 어떻게 극복해야 할까? 신앙적으로 볼 때 빈부는 내면에서 출발한다. 마음이 예수로 풍요해지면 삶도 회복되고 좋아진다. 사도 바울은 돈도, 사람도, 건물도 없었고 심지어 매 맞고 감옥에 가도 눌리지 않았다. 구원 자체이신 예수는 항상 우리 안에 계신다. 그 풍요를 느끼라. 조금만 훈련하면 바울처럼 할 수 있다. 끝까지 예수로 풍성해졌음을 주장하라. 외형적으로도 펼쳐진다.

# 내면의 힘으로 삶을 풍성하게

풍요의 그리스도가 우리 안에 계신다고 했다. 이론상으로는 그리스도만 가지면 온 세상을 다 가진 것이다. 그분은 살아 있는 구원이요, 영원한 생명이요, 능력이 되신다. 이는 마치 어린아이가 부모만 있으면 모든 것이 다 공급되는 것과 같다. 여기까지는 신자라면 누구나 다 아는 내용이다. 그러나 실생활에서는 그리스도의 풍요를 경험하지 못한다.

문제는 그 풍요의 그리스도의 도움을 실생활에서 받지 못한다는 사실이다. 흑인 영가 중에 이런 가사가 있다.

"때때로 나는 느끼네. 고아처럼."

그러나 사실은 때때로가 아닌 거의 대부분의 시간 동안 고아처럼 하나님 아버지 없이 살아간다. 아예 구원자 예수를 의식하지도 않은 채 육신의 힘만으로 험한 삶을 겨우겨우 살아간다. 오히려 신자라서 나쁜 짓을 못하니 살기가 힘들다. 목회는 더 그렇다. 풍요의 하나님의 자녀인데 아무런 도움이 없다. 교인도 없고, 돈도 없다.

믿음으로 대처하자. 오늘날 기독교가 이 단계로 나아가야 능력을 발휘하게 된다. 고아처럼 느끼는 것은 육신이다. 마음이 육신에게 복종하고 있기 때문이다. 그리고 느낌은 주관일 뿐, 객관적 사실이 아니다. 한 장소에서도 사람마다 느낌은 다 다르다. 신앙으로 훈련되지 않은 사람은 거의 모든 경험을 나쁘게 한다. 비참하고 아프게 느낀다. 그 느낌이 습관이 되면 계속 그 상태로 이어진다.

누구나 아침에 눈을 뜨면 일단 삶의 무게에 눌린다. 몸이 무겁다. 힘들다. 그러다 보니 어두운 마음으로 하루를 시작한다. 모든 일에 같은 마음을 갖게 된다. 최악의 경우를 먼저 생각하고 준비한다. 그리스도를 영접한 사람은 새 피조물이요, 전혀 새로운 사람이라고 성경이 말씀하지만 그것은 이론일 뿐, 현실은 그렇게 믿지 않는다. 그저 옛사람의 습관대로 느낄 뿐이다. 그래서 성경은 말씀한다.

"너희는 이 세대를 본받지 말고 오직 마음을 새롭게 함으로 변화를 받아"(롬 12:2).

세상 사람들처럼 하지 말고 오직 마음을 새롭게 하라는 것이다. 그러면 변화를 받는다. 성경대로 해 보라. 마음을 새롭게 하는 길은 세상에 없다. 옛사람으로 아무리 새롭게 해도 육신의 수준을 벗어나지 못한다.

말씀대로 그리스도께서 새롭게 하신 자신의 정체를 주장하라. 좀 어색해도 계속 그리하라. 거지가 왕자가 된다면 왕자 노릇이 어색하다. 그러나 신자는 그 정도가 아니다. 왕이요, 제사장이요, 세상의 빛이다. 이 영적 사실은 믿고 움직여야 효과가 나온다. 육신적 생각은 자동적이다. 그러나 영적 믿음은 저절로 나오지 않는다. 능동적으로 믿고 주장해야 나온다. 우리는 계속적으로 마음을 새롭게 해야만 한다.

"이것이 그리스도 예수 안에서 너희를 향하신 하나님의 뜻이니라"(살전 5:18).

그리스도 예수 안에서 하는 하나님의 뜻이 무엇인가? 하나님의 뜻은 예수를 의식하고, 의지하며 행하는 것이다.

"항상 선을 따르라 항상 기뻐하라 쉬지 말고 기도하라 범사에 감사하라 … 성령을 소멸하지 말며"(살전 5:15-19).

다 같은 말이다. 이것은 예수의 힘으로만 가능하다.

최고의 선은 오직 예수를 믿는 것이다. 예수를 의지해 행하는 것은 다 선이다. 그러려면 기도를 쉴 수 없다. 예수를 의지해 항상 기뻐하라. 예수가 기쁨 자체이기에 그럴 수 있다. 무조건 시작하면 기쁨의 능력이 나온다. 예수를 의지하고 무슨 일이건 감사하라. 예수가 감사이기에 할 수 있다. 그 힘이 모든 것을 감사로 바꾸어 준다.

정리하면 이렇다. 아침에 눈을 뜨면 자신 안에 있는 천국 문을 열라. 천국의 햇살이 쏟아지게 만들라. 육신이 지배하지 못하도록 기선을 제압하라. 일상생활에서 시시때때로 그렇게 천국을 열라. 그리고 다윗처럼 하라.

"나의 힘이신 여호와여 내가 주를 사랑하나이다"(시 18:1).

그러고는 외치라.

"주는 나의 하나님이시요, 나의 기쁨이시요, 감사시요, 능력이시요, 재산이시요, 승리이십니다."

그다음은 예수를 의지하고 그 감정을 만들라. 그렇게 느끼라. 신자에게는 누구든 그렇게 할 힘이 주어졌다. 그렇게 새사람을 입으라. 주위에 무엇이 있건, 상황이 무엇이건 상관없다. 천국으로 마음을 채우라. 그러면 목회도 그렇게 변한다. 밖의 복이 먼저가 아니라, 내면의 복이 먼저다.

# 신자는 실력이 있다

수능 시험 때만 되면 특별 기도회가 열린다. 엄마들이 열심히 참석한다. 그중에 많은 아이가 교회에 안 나온다. 그리고 수능 시험이 끝나면 기도회도 동시에 끝난다. 그때만 열심히 기도해도 점수가 잘 나오는가? 물론 하나도 안 하는 것보다야 훨씬 훌륭하다. 그러나 누가 봐도 이것은 아니지 않은가?

하나님은 공부는 하지 않으면서 기도만 열심히 하는 학생에게 점수를 더 잘 주실까? 다윗은 목동으로서 기도만 열심히 하다가 나와서 골리앗을 단번에 죽이고 국가적 영웅이 되었는가? 만일 그랬다면 수능 기도회식으로만 해도 얼마든지 좋은 대학에 들어갈 것이다. 이는 사업이나 교회도 마찬가지다.

많은 부모가 수능 시험을 몇 달 앞두고 기도에 집중한다. 그러면서 자녀들은 교회에도 나오지 않는다. 기도의 힘으로 좋은 대학에 들어가게 하려는 것인가? 하나님께서는 그렇게 기도하는 것을 기뻐하실까? 무당은 굿하고 돈 많이 주면 어떤 사람이건, 무슨 짓을 했건 상관없이 잘되라고 복을 빌어 준다. 도덕이나 윤리와는 전혀 상관이 없다.

하긴, 그렇게 믿는 기독교 신자도 많은 것이 사실이다. 그래서 도사에게 의지하듯 기도의 능력이 있고 예언하는 사람들에게 돈 갖다 주면서 부탁한다. 실력이나 인격이 얼마나 주를 사랑하고 주의 영광을 위해 살았는지는 아무 상관이 없다. 그냥 세상적인 복만 많이 주면 된다. 잘못하면 수능 기도회도 그럴 수 있다.

제대로 된 학생이라면 늘 하나님을 의지하면서 생활할 것이다. 물론 예배에도 참석할 것이다. 만약 고3이라면 시험 공부에 집중하느라 다른 활동은 좀 줄일 것이다. 그러나 아침부터 저녁까지 늘 주를 의식하고 의지할 것이다. 공부할 때도 당연히 그럴 것이다. 그러므로 평안한 마음으로 집중할 수 있을 것이고, 오래전부터 그렇게 해 왔다면 당연히 성적도 좋을 것이다.

신자라고 성적은 나빠도 교회 일만 열심히 하고 기도 많이 하면 하나님이 훌륭하다고 하실까? 하나님은 물론 세상 사람들에게도 비웃음거리밖에 되지 않을 것이다. 하나님을 믿으면 보통 사람들보다 성적이 좋아야 한다. 아니, 성적뿐 아니라 품행도 좋고, 평판도 좋아야 한다. 하나님을 믿는 사람에게는 세상 사람들의 기대치가 높다.

하나님이 사람이 되어 오신 이유가 무엇인가? 세상 사람에게는 없는 영원한 생명을 주시기 위해서다. 그리고 그 생명의 힘으로 육신으로 세상에 사는 동안 하나님이 기뻐하시고 세상 사람들이 존경하는 삶을 살게 하시려는 것이다. 그저 잘 먹고 잘사는 것만이 아니다. 일상생활에서도 아름다운 삶을 살아 보여야 한다.

그러려면 그럴 힘이 절대적으로 필요하다. 그래서 아예 하나님이 성령으로 신자 속에 들어와 계신다. 그분을 의식하고 의지한다면 즉시 삶의 수준이 달라진다. 그리고 훈련할수록 더욱 아름다운 삶을 살아갈 실력이 쌓아진다.

목회도 그렇다. 목사도, 교인도 실력을 쌓아야 한다. 육신적 실력만으로는 안 된다. 하나님을 의지해서 정말 실력을 쌓아야 한다. 자신은 그대로 있으면서 교인이 많아지고 건물이 커지면 훌륭한 목사인가? 자신은 그대로 있는데 교인만 많아지는 것을 정말 두려워해야 한다. 문제들이 나오기 때문이다. 목회에서 요셉의 노예 생활, 다윗의 광야 생활을 경험하고 있다면 참고 기도하며 실력을 일으키기 바란다.

우리는 교회를 단번에 일으키려 하지 말아야 한다. 하나님을 의지해 하나하나 제대로 만들어 가야 한다. 목사 자신도, 교인도 훈련해야 한다. 그렇게 실력 있는 목회자와 교회로 일어나야 한다. 할 일은 안 하고 기도만 한다고 실력이 생기지는 않는다. 하나님과 함께 사는 삶은 세상에서도 잘되는 실력을 준다. 그래서 하나님께서 기뻐하시고 자랑스럽게 여기는 신자가 되게 한다.

# 영적 리더십

제대로 된 목회는 누구건 자신의 힘만으로는 가능하지 않다. 신학교에 다닐 때는 '저 사람, 목회 잘할 것 같다' 생각했지만 실제로는 그렇지 않은 경우가 많다. 우선 정직하고, 똑똑하고, 말을 잘한다. 거기에 인상도 좋다. 의지도 강하다. 그러면 세상에서는 앞서 나갈 자질이 된다. 그러다 보면 자신의 훌륭함으로 목회를 하려고 한다.

물론 목회에서도 그런 것들이 도움이 되기는 한다. 하지만 근본적으로 목회는 영적 활동이기에 그런 인간적인 훌륭함을 넘어서는 무엇이 있어야 한다. 아니, 인간적으로 약한 점이 많아도 오히려 목회를 잘하는 경우가 있다. 자기가 약하므로 하나님을 전적으로 의지하기 때문이다. 그래서 하나님의 도움으로 그 약함을 극복할 뿐 아니라, 목회자로서 그 이상의 실력을 만들어 낸다.

남보다 매사에 탁월하게 타고난 사람은 하나님보다 자신의 실력을 의지하기 쉽다. 외모가 자신있는 사람, 노래를 잘하는 사람, 언변이 좋은 사람, 수완이 좋고 돈을 잘 버는 사람, 행정을 잘하는 사람, 똑똑한 사람, 정치를 잘하는 사람은 모두 자신이 잘하는 것을 의지하지 않을 수 없다. 하나님을 의지하기 전에 세상적 탁월함만을 더욱 발전시켜 나간다. 목회도 그렇게 한다.

반면에 아무것도 잘하는 것이 없는 사람은 그냥 기가 죽어서 아무 힘도 발휘하지 못한다. 이것도 문제다. 자신의 힘으로 목회하려는 목사나 실력이 없다고 움츠려 있는 목사나 모두가 불신앙이다. 모두가 인간적 기준으로 진행하려고 한다. 신앙은 순전히 하나님을 의지하는 것이다. 자신의 강함을 의지하거나 약함에 눌리는 것이 아니다. 그러면서 하나님을 의지해서 자신을 키우는 것이다.

영적 리더십은 두 가지로 일어난다. 첫째는, 그리스도 안에서 자신의 정체를 확인하는 것이다. 육신적 약함이나 상황의 어려움에 눌리는 것이 아니다. 우리 육신은 언제나 무겁다. 상황도 항상 힘들다. 그것을 무시하라는 말이 아니다. 그것을 극복하려면 먼저 그리스도가 새롭게 하신 자신이 누구인지를 확인하고 주장해야 한다.

둘째는, 그러면서 새로운 자신이 성장하게 해야 한다. 모든 어려움을 극복하도록 격려하라. 옛사람인 육신의 말을 듣고 낙심할 것이 아니라, 새롭게 된 자아를 바라보면서 스스로를 격려해야 한다. 그러면 상황을 극복할 힘이 일어나며, 그렇게 자신을 능력자로 키울 수 있다. 다윗이 막막한 광야에서 자신을 용사로 키운 것과 같다. 다윗은 본래 탁월한 사람이 아니었다. 아주 보통 사람이었다.

성경의 위대한 인물들이 다 그러했다. 금테 두르고 나온 금수저는 없었다. 연약한 사람들이었다. 요셉은 형들의 잘못을 고자질했다. 다윗은 막내로서 부모로부터 받을 것이 아무것도 없었다. 다니엘은 포로로 끌려간 하류층이었다. 약점이 있으면 거기에 눌려 늘 원망하고, 그래서 더욱 그 약점이 강화되고 고착된다. 그러나 하나님의 사람은 약점 때문에 오히려 하나님만 의지한다. 그래서 하나님 전체를 누린다. 바울은 자랑할 것이 많은 사람이지만 그것들을 의지할까 두려워 자신의 약한 것만을 자랑했다. 그래서 오직 하나님만 의지하니 약함이 극복되고 인간적 장점도 기름 부음을 받아 영적으로 사용될 수 있었다. 영적 리더십의 토대다.

목회 현장도 그렇다. 누구나 큰 교회, 좋은 교회를 원하고 그런 곳에 부임하고 싶어 한다. 세상 기준으로는 당연한 말이다. 그러나 사람은 누구나 크고 좋은 것들을 하나님보다 더 의지한다. 어찌 보면 그것들이 하나님인 셈이다. 우상 숭배가 아닌가!

다윗은 이 점에서 분명했다. 그의 고백을 들어 보라.

"여호와여 위대하심과 권능과 영광과 승리와 위엄이 다 주께 속하였사오니 천지에 있는 것이 다 주의 것이로소이다 여호와여 주권도 주께 속하였사오니 주는 높으사 만물의 머리이심이니이다 부와 귀가 주께로 말미암고 또 주는 만물의 주재가 되사 손에 권세와 능력이 있사오니 모든 사람을 크게 하심과 강하게 하심이 주의 손에 있나이다"(대상 29:11-12).

이 말씀이 그냥 정신적인 고백인가? 아니다. 아주 구체적인 실체다. 그 힘으로 다윗은 일어나 위대하게 되었다. 잘 믿어지지 않아도 계속 말씀을 마음에 품고 주장하면 믿음이 일어난다. 그의 정체는 전능하신 하나님을 의지한 존재다. 그 하나님의 힘으로 상황을 극복한다. 그렇게 해서 참 실력자로 성장한다. 이것이 영적 리더십이다.

처음부터 다른 사람들보다 훌륭한 것이 아니다. 아무런 특별한 것이 없어도 하나님을 의지함으로 특별해지고, 계속 특별하게 만들어진다. 믿음을 적용하기 때문이다. 목회도 그렇다. 세상 것이 없어도 하나님을 의지하면 그 자체로 훌륭한 목회자다. 계속 그 하나님을 의지하여 목회함으로 훌륭한 목회자로 성장한다. 이것이 영적 리더십의 핵심이다.

# 교회가 우선이다

목회하다 보면 억울한 일을 많이 당한다. 하지도 않은 일을 했다고 소문이 난다. 한 말이 와전되고 왜곡되어 돌아다닌다. 교인 중에 이런 일에 특히 민감한 사람들이 있다. 그래서 이 사람, 저 사람에게 전화해서 확인하고, 변명하고, 비난한다. 그러면 오히려 살이 더 붙어 해결하기 어려운 지경으로 상황이 나빠진다. 차라리 가만히 있으면 결국 시간이 지나면서 가라앉고 말 일인데 더 크게, 더 오래가게 만든다.

문제는 목회자가 이 일을 주도하거나 당사자가 되는 경우다. 자신의 명예가 걸렸고 결국 교회 운영에 지장이 오니 당연히 신경이 예민해진다. 그래서 여기저기 전화하고, 만나서 묻고, 설명하고, 비난하면서 시간을 보낸다. 결과는 어떻게 될까? 이것은 절대로 교회를 이끌어 가는 지도자로서 목사가 할 일이 아니다.

목사가 아니더라도 신자라면 누구나 그리스도의 명예가 우선임을 안다. 그러기 위해서는 그리스도의 몸인 교회의 유익이 우선이다. 목회자라면 더욱 그래야 한다. 일하다 보면 억울한 일, 슬픈 일을 당한다. 사도 바울을 보라. 그가 무슨 나쁜 짓을 해서 감옥에 갇혔는가? 아니다. 오직 그리스도와 교회 때문이었다. 그래도 먼저 교회를 생각해야 한다. 바울이 여기저기 사람을 보내고 편지를 보내서 자기를 변호했는가? 단지 복음에 대한 오해를 바로잡고 교회에서 일어나는 악덕에 대해서 경책을 했을 뿐이다. 자신의 변호가 혹시 있어도 자신의 유익이 아니라 교회를 위해서만 그랬다. 어떻게 하면 그리스도가 영광스럽게 될까만 생각했다.

하지만 오늘날에는 많은 목회자가 그렇게 하지 않는다. 모든 변명은 오직 자신만을 위해서 하고, 투쟁도 자신의 명예와 물질적 유익을 위해서 할 뿐이다. 그래서 불고체면(不顧體面)하고 싸우다 보면 교회는 난장판이 된다. 교인들은 갈라져 싸우고 원수가 되어 교회를 떠난다. 많은 수가 다시는 교회로 가지 않는다. 하나님께서 그 교회를 섬기고 위해서 죽으라고 보내셨는데, 교회를 망가뜨리는 주범이 된다.

물론 억울하다. 자신의 잘못이 아닌데 오해하고 있다. 아니, 악한 마음으로 죽이려고 덤벼든다. 그런데도 참고 있으란 말인가? 그렇다. 교회의 안녕이 우선이다. 교회가 잘되면 죽어도 좋다. 우리는 교회를 위해 죽으러 온 사람이다. 이것이 바울의 자세다. 흉내 내 보라. 그러면 교회가 잘된다. 교회는 그리스도의 몸이요, 그리스도 자체다. 어떤 이유에서건 교회를 상하게 만드는 것보다 더 큰 죄악은 없다.

바울은 여러 번 눈물을 흘리며 많은 사람이 '그리스도의 십자가의 원수'로 행한다고 외쳤다. 자신은 하나님을 섬긴다고 하지만 십자가의 원수로 행동한다는 말이다. 둘 중 하나다. 교회가 우선인가, 아니면 자신이 우선인가? 썩어질 자신이 우선이 되면 어찌 되는가?

"그들의 마침은 멸망이요 그들의 신은 배요 그 영광은 그들의 부끄러움에 있고 땅의 일을 생각하는 자라"(빌 3:19).

하나님을 섬긴다고 하지만 자기 욕심만 섬기고, 영광만 추구한다고 하지만 그것이 치욕이요, 땅의 일만을 생각하는 것이라고 한다. 그 결국이 무엇인가? 멸망이다. 자신뿐 아니라 가족도, 교회도 다 마찬가지다. 주위를 살펴보라. 자기 욕심을 위해 교회를 분열시키고 난장판으로 만드는 목회자가 얼마나 많은가. 바울은 이에 대해 '그들의 마침은 멸망'이라고 분명하게 선언한다.

목사는 주의 몸인 교회를 위해서 보내졌다. 주의 몸이 잘되는 탄환이요, 벽돌이다. 소모품이다. 이 사실만 명심하면 모든 것이 해결된다. 언제나 먼저 생각할 것은 이것이다. 우리의 말이나 행동이 교회에 유익이 되는가? 목사인 우리가 아니다. 교회다. 억울하고 손해 보더라도, 심지어 누명을 쓰고 떠나야만 하더라도 교회가 살아야 하고, 교회가 부끄러움을 당하지 않아야 한다. 이 원리만 제대로 세운다면 나머지는 몸 된 주께서 해결해 주신다. 나도 그렇고, 주위 목사들도 이 원리대로 해서 유익을 본 경우가 많다. 주의 몸이 살면 결국은 그렇게 한 우리 자신도 산다. 당장은 보상이 없어도 두고두고 보상이 있다. 교회의 시작부터 은퇴할 때까지, 은퇴한 이후에도 이 원리만 확실하다면 가장 복된 주의 종임에 틀림없다. 교회, 곧 주의 몸이 우선이다.

# 소망을 버리지 말라

소원하는 것이 속히 이루어지지 않으면 낙심하게 된다. 어두워진 감정을 그냥 두기 때문이다. 그러면 낙심이 가중되면서 소망이 사라진다. 이것이 육신적인 신자가 가는 길이다. 하지만 영적 신자는 언제나 승리를 믿는다. 이미 그리스도께서 완전하고도 영원한 승리를 객관적으로, 우주적으로 쟁취하셨기 때문이다. 그분이 우리 안에 계신다. 그러므로 신자는 이미 승리를 약속받고 싸우는 것이다. 시간이 오래 걸릴수록 가치 있는 싸움이다. 성경의 인물 중 어느 누구도 쉽게 승리하지 않았다. 여러 번 실패하고 좌절했다. 그들이 훌륭한 점은 단 하나, 하나님을 의지해 소망을 버리지 않았다는 것이다. 오랜 싸움은 하나님을 의지할 때 자신을 성장시키고, 얻은 승리를 오래 유지하게 만든다.

승리를 자신의 힘으로 쟁취해야 한다면 너무 힘들고, 얻어도 육신의 수준일 뿐이다. 신자에게 승리는 하나님으로부터 극적으로 나타난다. 하나님의 힘을 의지하면, 싸움은 내가 하지만 결과는 하나님이 주신다. 나도 한평생 내 딴에는 선한 투쟁을 한다고 해 왔다. 하지만 항상 옳은 길만 택하지도 못했고, 실수나 악이 섞인 싸움을 해 왔다. 그러나 하나님을 의지하는 것만은 흔들리지 않으려고 노력했다.

결과적으로 하나님은 승리를 주시되, 당신이 준 것임을 알게 하셨다. 그래서 감사와 찬양을 돌리게 하셨다. 앞으로의 싸움도 그럴 것이다. 나는 단지 소망을 가지고 매일의 싸움을 성실하게 하려고 한다. 그러면서 하나님이 보여 주실 눈부신 승리에 대한 기대를 절대로 접지 않으려 한다.

잠시 눈을 크게 떠서 역사의 흐름을 보자. 믿음의 눈으로 보면 하나님이 역사를 주관하심을 누구나 알 수 있다. 우리나라만 해도 그렇다. 한국이 이렇게 짧은 시간에 눈부시게 일어난 원인이 무엇인가? 절대로 일제에 망했던 국민이 별안간 위대해져서 그렇다고는 생각하지 않는다. 좌파도 우파도 원인이 될 수 없다. 오직 몇 사람의 기도로 일어난 일이라고 믿는다.

수십 년간 산마다 기도 소리가 그치지 않았다. 그 결과 조국의 융성과 함께 교회도 외형적으로 크게 부해졌다. 그러나 교회의 빈부 격차는 사회보다 더 심해졌다. 대부분의 교회는 열악하기가 말로 다 할 수 없다. 대다수의 큰 교회는 세속화되었고, 작은 교회는 절망에 빠져 있다. 이제 또다시 신앙 운동이 일어나지 않는다면 교회도, 사회도 다 힘들어진다.

우리가 할 일은 복음으로 교회와 신자들의 의식을 개혁하는 것이다. 나 한 사람부터 그렇게 해야 한다. 신앙의 원리대로 실천한다면 나부터 살아난다. 이어서 가정과 직장, 교회가 살 뿐 아니라 사회도 살아나게 된다. 나도 그리스도께서 평생 가르치고 훈련하며 인도해 주셨고,

앞으로도 그렇게 하실 것임을 고백한다. 세상도, 인간도 그대로 두면 악해진다. 그러나 10명의 의인이 소돔과 고모라를 살릴 수 있듯이, 복음을 깨달은 몇몇의 신앙인이 조국을 구하고 일으킨다.

분명히 하라. 교인 수나 건물이나 재산은 그리스도가 아니다. 교회도 아니다. 거기에 평생 목말라하는 것은 저급한 신앙이다. 그리스도는 교인도, 건물도, 재산도 다 되지만 그 이상이시다. 하나님이요, 모든 복 그 자체이시다. 하나님은 우상을 만들지도, 섬기지도 못하게 하셨다. 하나님보다 열등한 것들로부터 나온 복들을 섬기면 그것이 우상숭배다.

외형적이고 세속적인 가치에 몰두하면 할수록 신앙은 없어지고, 마음은 피폐해진다. 혹시 그것들을 얻더라도 절대로 복이 되지 않는다. 아무리 세상의 좋은 것들이 와도 하나님께만 눈을 고정하라. 목마른 사슴처럼 추구하라. 그럴수록 더욱 풍성해진다. 이것이 의식 개혁의 첫걸음이다.

하나님만이 소망이시다. 그러나 소망이 하나님은 아니다. 하나님을 마음에 모시고, 생각하고, 품으면 소망이 일어난다. 그 소망이 우리를 일으킨다. 목표를 가지게 한다. 신자는 하나님을 항상 모시고, 생각하고, 의지한다. 그러므로 항상 소망이 있다. 물론 그 소망을 이룰 분은 하나님이시다. 그러므로 소망을 버리는 것은 하나님을 버리는 것이고, 하나님을 모시는 것은 소망을 가지는 것이다.

하나님만이 신이요, 최고의 진리요, 길이요, 생명이시다. 항상 하나님 안에, 주 안에 있으라. 어떻게 그럴 수 있는가? 하나님을 의식하고

의지하면 그렇게 된다. 하나님 안에서 소망을 가지라. 그러면 그 소망
하는 것 이상의 것들이 다가온다. 삶은 언제나 힘들다. 하지만 그보다
더 큰 소망을 하나님 안에서 가진다면 그것을 극복하고도 남는다. 하
나님 안에서 소망으로 목회하고, 소망으로 살기 바란다.